発達障害の子の
性のルール

からだ・こころ・かんけいを育てる17のワーク

6歳児から使える ワークブック 3

中京大学現代社会学部教授　**辻井正次**【監修】
NPO法人アスペ・エルデの会【編】
川上ちひろ＋田中尚樹【著】

合同出版

はじめに

　発達障害者支援法が 2004 年に成立し、発達障害の子どもたちに対する支援が社会的に進められるようになりました。08 年に「障害者の権利に関する条約」を批准し、13 年に障害者差別解消法を成立させ、新たな社会の在りかたを目指して、2016 年に改正発達障害者支援法が施行されています。

　発達障害は、生来の脳の非定型発達によって生じ、多くの人たちが成長の中で当たり前にできること（適応行動）が自然にパッとできないために、日常生活で困難があり、社会の中での何らかの支援を必要とする状態をいいます。

　ただ、自然にパッとできなくても、その時その時にどういう適応行動をしていけばいいのか、うまくいくコツを身につけていくことで、発達障害があっても、日常生活をより楽しくすごし、なりたい自分の未来に向けて歩んでいくことができます。発達障害があっても、その人たちなりの仕方で自立し、就労していくことができるようになってきています。

　1992 年、杉山登志郎先生、石川道子先生と辻井の 3 名を中心にして、東海地区で協力して取り組むことができる専門家たちと、発達障害の子どもを持つ保護者たちと一緒に、子どもへの支援の仕組みをつくろうと、アスペ・エルデの会を設立しました。当事者団体の強みを活かし、総合的な発達支援の構築や情報発信に力を入れてきました。また、大学生のための実践研修としてのボランティア・スクール（2 年課程）は 30 年近く運営しています。

　このシリーズの著者たちは、学生時代から当会のボランティア・スクールをはじめ、いろいろな活動に参加してきた若手の臨床家や、毎年実施している愛知県日間賀島での夏の研修合宿のプログラム・ディレクターとしてかかわっている一線級の専門家たちです。

　これまで、アスペ・エルデの会で開発してきた発達支援のためのプログラムをワークブックとして発行してきましたが、それを実際に子どもと取り組んできた著者たちが、あらたなプログラムを加え、より使いやすく書籍化した本がこのシリーズです。アスペ・エルデの会発行のワークブック（https://www.as-japan.jp/j/index.html）と併せてご利用ください。

発達障害は、科学的には「治る」ことはありません（将来、治療的なモデルが出てくる可能性はあります）。まずは、発達障害とともに生きていく子どもたちがより生きやすくなるために支援することが大切です。

　子どもたちが障害に起因する難しさに直面しても、その一つひとつについて、「こうすればいいよ」という選択肢を知り、その中で「できること」に取り組むことができれば、大きな問題は生じません。そのためには、「こうすればいい」「できること」、つまり、うまくいくコツ＝スキルを教えていくことが必要です。

　さまざまなスキルを身につけていくことで、どうしていいかわからないものを、対応可能なものにしていくことができれば、子どもたちはより生きやすくなります。知識があってもうまくいかないことはありますが、知識があったほうが対応しやすくなるのは確かです。

　このシリーズで紹介するスキルは、あくまでも「ひな型」です。本を読んでそのままやればその通りにいくということはありません。それでも「ひな型」を知っていることで、保護者にとっても子どもたちにとっても取り組みやすくしていくことができます。

　この3巻は「性教育」の部類に入るテーマですが、成長に伴うからだの変化や性行為にかんする知識を学ぶのではなく、性の発達に伴う自己理解や多様性の理解、健康、生活のリズム、他者との関係性、性や年齢に応じた適切な行動について、発達障害の特性に合わせながら学習していく内容になっています。

　学校において、特別支援学級や通級指導教室だけではなく、通常の学級での指導の中でも、家庭でも、いろいろな形で取り組んでいただけるとありがたく思っております。実際に取り組んでみて、感じたことや、課題などがまた見つかるようでしたら、アスペ・エルデの会にご意見を寄せていただけましたら幸いです。

中京大学現代社会学部教授
NPO 法人アスペ・エルデの会 CEO・統括ディレクター
辻井正次

もくじ

はじめに ……………………………………………………………2

この本の使いかた ………………………………………………6

01 「みんな違っていい」を知ろう ………………………7

02 からだを清潔にしよう ………………………………11

03 身だしなみを整えよう ………………………………15

04 からだの調子を整えよう ……………………………21

05 健康的な食事をしよう ………………………………25

06 よい生活リズムですごそう …………………………29

07 大人のからだになるって？（女の子）……………33

08 月経中のすごしかたを知ろう ………………………41

09 大人のからだになるって？（男の子）……………47

10	こころが大人になっていくって？	55
11	「好き」って？	59
12	ほかの人との距離って？	65
13	場面や相手にあったふるまいかたを知ろう	71
14	友だちとのよい関係って？	75
15	インターネットを使ったコミュニケーションを知ろう	79
16	性のトラブルにまきこまれないためには？（女の子）	85
17	性のトラブルにまきこまれないためには？（男の子）	89
	参考文献	94

この本の使いかた

この本の各項目は、大人が指導のポイントや解説部分をよく理解したうえで、子どもと取り組めるよう、次のような構成になっています。

指導のポイント

……ワークに取り組む時に、子どもに伝えたいポイントや指導上の注意点などを解説しています。

支援・指導の具体例

……項目のテーマに関連して、よくある疑問や想定される場面を解説しています。

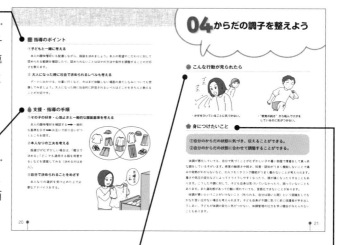

こんな行動が見られたら

……日常でよくある行動の例をあげました。こんな行動に思い当たることがあったら、項目のワークをやってみましょう。

身につけたいこと

……ワークを通して、この項目で学びたい「ねらい」です。

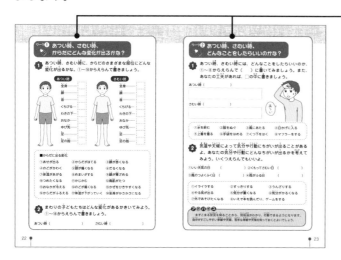

ワーク

……子ども自身が記入していくワークです。一人では判断が難しいこともあるので、大人のサポートが必要です。ワーク部分をコピーして学校の授業などに応用することもできます。

子どもの状態は一人ひとり異なります。だいじなポイントがわかったら、引き続きよい方向へのスキルアップを積み重ねていけるよう、その子に合わせて、日常生活の場面ごとにスキルを応用して学びを広げてください。

01 「みんな違っていい」を知ろう

こんな行動が見られたら

・自分と違うことに疑問を感じ、悪気のない発言を知らず知らず声に出してしまう。

身につけたいこと

①一人ひとり違いがあり、「みんな違う」ことを知る。
②見た目、感じかた、考えかた、好きなものなどが違うことに気づく。

　私たちは、一人ひとり違う価値観や考えかたを持っています。違うからよくない、同じだからよいということではありません。子どもたちに、人は一人ひとり違うことを理解できるように伝えることが重要です。また、自分や他者の価値観をお互いにどのように尊重するとよいかも教えます。
　一方で大人の価値観が、日常生活や教育活動の中の何気ない言動で現れてしまうことがあり、そのメッセージが子どもたちに伝わることがあります。そのことで、時には子どもが傷つくこともあります。誰もが、自分が発する言動が適切か、相手を傷つけることではないかどうかを振り返ってみることが必要です。

ワーク❶ みんな、ちがうね

1 下の①〜④のイラストを見て、どう思うか話し合ってみよう。

①スカートを楽しむ男性

②家事をしておばあちゃんの世話をしている子ども

③鉄道の図鑑がすきな女の子

④車いすで生活する人

アドバイス

性別も多様

人は一人ひとりちがいます。男性、女性しかいないように思われる性別も、その境目は図のように連続していて、人によって位置するところが変わります。本人の考え、社会的な見かた、法律的にどうか、生物学的な見かたなど、いろいろな視点から考える必要があります。自分の性別についてもとらえかたは人それぞれです。

ワーク②の**1**でしるしをつけた位置がみんなとちがっているから悪いということではけっしてありません。ほかの人と自分が同じかちがうかを知ることがだいじ！

ワーク❷ 「自分らしさ」をはかってみよう

❶ あなたはどんな人かな？　線の上に○をつけてみよう。
（　　　　）には、いろいろな言葉を入れてみよう。

勉強がすき	———————┼———————	勉強がすきではない
活発だ	———————┼———————	活発ではない
外に出ることがすき	———————┼———————	外に出ることがすきではない
人と話すのがすき	———————┼———————	人と話すのがすきではない
（　　　　　　　）	———————┼———————	（　　　　　　　）
（　　　　　　　）	———————┼———————	（　　　　　　　）

❷ あなたがどんな人かを友だちやまわりの大人に聞いてみよう。
あなたが思っている「あなた」と同じかな？　ちがうかな？

得意なこと

苦手なこと

❸ 「自分らしさ」は、性別、性格、すき（得意）なこと（もの）、
苦手なこと（もの）など、いろいろな要素をもとにできて
いくよ。あなたの「自分らしさ」を考えてみよう。

アドバイス

　自分が思っている「自分らしさ」と、友だちから見た「あなたらしさ」はちがうこ
ともあります。❶のワークを友だちにしてもらうとちがいがわかります。

9

指導のポイント

① 教えかたはニュートラルなスタンスで

多数の意見で、「よい」「悪い」を判断するのではなく、「違う考えを持っているんだね」「いろいろな考えがあるね」ということを、どちらか一方の側に偏らずに話し合いを整理していきます。「○○だからいいね（だめだよ）」といった決めつけは避けます。

② 人間らしさ、その子らしさを尊重する

その子の持つ考えや価値観などをよく聞き、「あなたはあなたでいいんだよ」ということをみんなで確認していくことが大切です。ただし、人権侵害や差別、犯罪につながり社会的に受け入れられない意見には否定から入るのではなく、「どうしてそう思うのか」と理由を聞くなど丁寧な対応が不可欠で、別な機会を設けることが必要な場合もあります。

無意識のバイアス

「男の子は力持ち」「女子は器用、きれい好き」などの性による役割の決めつけや、「女性はかわいい・美しいほうがよい」といった見た目で評価される傾向があります。私たちは知らず知らずその考えが当然だと思い込み、周囲にも無意識にそのことを強要してしまうことがあります。このことをバイアスといいます。

これまで、性別は「男」と「女」のどちらかに当てはめて捉えられてきましたが、近年では、「男性」と「女性」は連続するもの（性のスペクトラム）と捉えられるようになってきました。LGBTQ（性的少数者）の存在がクローズアップされ、性に対する偏った見かたが是正されつつあります。

ほかにも社会的な価値観の影響で「やせているほうがかわいい」と思い込み、障害特性であるこだわりによってやせようと努力しすぎることで、体調を崩しやすく日常生活に支障が出てしまうこともあります。

大人がもともと持っている考えかたや価値観ももちろん尊重されるべきです。その価値観を変える必要はありませんが、周囲に与える影響にも意識的に配慮することが必要です。

02 からだを清潔にしよう

こんな行動が見られたら

・目ヤニがつき、口のまわりが汚れていたり、髪の毛がボサボサでフケが目立ちにおいも気になる。

・歯みがきを極度に嫌がる。あるいは、口がくさい、歯垢(しこう)が溜まっていてまわりの人が不快。

身につけたいこと

①からだを清潔に保つ行為を知る。
②清潔を保つ行為ができるようになる。

多くの発達障害の子どもがからだを清潔に保つことができないのはなぜか、いくつか理由が考えられます。

①子ども自身はできていると思っている（判断基準の問題）、②保護者はこんなものだと思っている（習慣・基準の問題、他人とすり合わせない）、③いつもは保護者がやっていて、子ども一人ではうまくできないことがわかっていない（役割の問題）、④水が苦手、シャワーが痛い、歯みがき・洗顔などができない（させてくれない）、調髪ができない（感覚過敏）、⑤めんどうがって手抜きをする（性格や特性の問題）、⑥不安・怖い思いをしたことがある（障害特性の問題）、⑦不器用さ、認知の苦手さによって、手の操作や口の中の感覚、構造がよくわからない、歯ブラシをうまく動かせないなどがあります。できない理由を知って対策を考えます。

ワーク① からだをきれいにするには どっちをえらぶ？

1 ⒶとⒷどっちをえらぶと、Ⓒのようになりやすいかな？ きれいにしないとどうなるかを考えてみよう。

顔をあらわないとどうなる？

髪をあらわないとどうなる？

おふろに入らないとどうなる？

歯みがきをしないとどうなる？

ワーク❷ 顔・髪・からだのあらいかたをマスターしよう

1 ふだんの顔・髪・からだのあらいかたを大人の人の前でやってみよう。

2 おふろで顔・髪・からだをあらう順番を大人に教えてもらおう。

3 おふろに入る時には、気をつけることがいろいろあるよ。チェックリストにそって確認してみよう。

おふろの入りかたをチェックしてみよう！

☐ タオル、下着、着がえの準備をしていますか？

☐ お湯の温度の調節ができますか？（伝えられますか？）

☐ 顔をあらえますか？

☐ 髪をあらえますか？

☐ からだをあらえますか？

☐ せっけんのあわはきれいに流せていますか？

☐ おふろにつかる時は、かたまで入って温まっていますか？

☐ シャワーの時は、全身にあたるようにお湯がかけられていますか？

☐ おふろから出た時に、からだをふいて着がえをしていますか？

4 どんな時におふろに入るかを考えてみよう。

13

指導のポイント

①障害特性からくる苦手さをみつける

こだわりすぎてなかなか風呂場から出てこられない（または入れない）、不器用でからだがうまく洗えない、ドライヤーがうまく使えないといった場合もあります。「どうしてできないの？」と注意するだけ、また逆にできないからと手伝っていると、自分でできるようになるチャンスを失ってしまいます。発達障害の特性があると、自分の苦手さに気づくこと、それを言語化することがむずかしい場合がありますので、対応が遅くなることもあります。子どもの様子を観察し、表情の変化などから、どこに苦手があるのかを判断しましょう。

②その子なりのモチベーションを持たせて繰り返し練習

本人が無理なくできることはどの程度かを考え、どのくらい支援すればいいのかを実践することが大切です。歯ブラシやシャンプーなど本人の好きなもの（キャラクターなど）を使って動機づけしたり、やりかたのモデルを示すとよいでしょう。

支援・指導の手順

①お風呂で大人が洗いかたの見本を見せる

順番や方法などを実際にやって見せる。

②教えてもらいながら自分で洗ってみる

できるかどうかをチェックしてできたことをほめる。

③一人で洗うところを見てもらう

はじめは同じような環境をつくり、できることを繰り返す。場所が変わってもできることをめざす。

④一人で洗う

一人で洗えた日はカレンダーにシールを貼るなど、視覚的に「できた」ことがわかるようにして成功体験を確認できるとモチベーションにつながる。

03 身だしなみを整えよう

こんな行動が見られたら

・背中の服が出ていたり、
髪の毛がはねているのに気づかない。

・（感覚過敏があり）
衣服の色や素材で落ち着かない。

身につけたいこと

①身だしなみを整えることの大切さを知る。
②自分で身だしなみを整えられるようになる。

身だしなみを整えるにはどのようなことができるとよいか、なぜ必要かなどについて、7つのポイントで確認しましょう。

①整髪（散髪）の大切さを知る（対人関係の構築の基本、基本的な生活習慣について）。
②身だしなみの判断基準を知る（子ども自身はできていると思っているケースがある）。
③大人自身の習慣・基準を押しつけない（特にほかの子と比較して善し悪しを決めない）。
④子ども自身にやらせる（誰がやるべきことか役割を自覚する）。
⑤感覚過敏やこだわりがないか（特定の衣服しか着られないという感覚の問題）。
⑥めんどうがって手抜きをするなど性格や特性の問題がないか。
⑦不器用さ、認知の苦手さによって、利き手ではないほうの側・後ろが見えていないなどの問題がないか。

ワーク❶ どうして身だしなみを整えないといけないの？

1 AとB、どちらの子のほうがよいと思う？　なぜ、その子をえらんだのかを書いてみよう。

・シャツのすそがズボンから……

A はみ出ている　　B はみ出ていない

 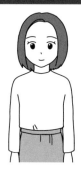

なぜ、あなたは
その子をえらんだのですか？

_____

_____

_____

・下着を……

A 着ている　　B 着ていない

 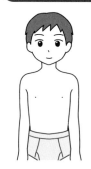

なぜ、あなたは
その子をえらんだのですか？

_____

_____

_____

・髪の毛をきれいに……

A 整えている　　B 整えていない

なぜ、あなたは
その子をえらんだのですか？

_____

_____

_____

2 かがみを見て、自分の身なりをチェックしてみよう。

- [ ] 顔は目ヤニや食べかすでよごれていませんか?

- [ ] 服や持ち物は出かける場所にふさわしいですか?

- [ ] 下着は見えていませんか?

- [ ] 髪は寝ぐせがついていたり、ボサボサのままではないですか?

- [ ] 髪はきれいにとかしていますか?

3 大人になるにつれて身だしなみとして整えたほうがよいことがふえていくよ。どんなことをするといいか、まわりの大人に聞いてみよう。

例）ひげをそる／場所によって服装を変える

_____

_____

_____

_____

アドバイス

今できていること、できないことを知る（ボタンがはめられる、前後／裏表をよくまちがえるなど）ことが大切です。自分ではできているかどうか確認することはむずかしいことです。かがみを見たり、まわりに聞いてみましょう。まわりの人にやりかたのコツやほかのやりかたを教えてもらうことは自分でできるようになるためのステップです。

ワーク❷ 場所にあった服をえらぼう

1 場面に合った服はどんな服?
つぎの場面にふさわしい服をえらんで線でむすんでみよう。

学校に行く時　●　　　●

運動をする時　●　　　●

友だちと遊びに行く時　●　　　●

仕事に行く時　●　　　●

家でくつろぐ時　●　　　●

アドバイス

服装は場所や行動、季節などにあわせて、自分を整えることが必要です。場面に合った服装を考える時のヒントはTPOを考えてみましょう。
・T(Time)＝時間帯……朝なのか、昼間なのか、夜なのか?
・P(Place)＝場所……屋内なのか、屋外なのか、公的な施設なのか、友人の家なのか?
・O(Occasion)＝場面……何をするのか、その場面にふさわしいか?

2 下の①〜⑥のイラストからどんな印象をうけるかな。いいなと思う点、変えたほうがよい点はどこかな。よい印象にするには、どのようなことに気をつければよいかを書いてみよう。

①濃いメイクをしている

②髪がボサボサで口まわりにひげがのびている

③口元に食べかすがついたまま

④髪をブラシで整えている

⑤すそをズボンにしまっている

⑥すそがズボンからはみだしている

指導のポイント

①子どもと一緒に考える

　本人の趣味嗜好にも配慮しながら、服装を決めましょう。本人の希望やこだわりに対して認められる範囲を確認したり、認められないことはほかの方法や条件を調整することの大切さを教えます。

② 大人になった時に社会で求められるレベルも考える

　デートに出かける、仕事に行くなど、今はまだ体験しない場面の身だしなみについても想像してみましょう。大人になった時に社会的に許容されるレベルはどこかをきちんと教えることが大切です。

支援・指導の手順

①その子の好き・心地よさと一般的な服装基準を考える

　本人の趣味嗜好を確認する➡一般的な基準を示す➡お互いで折り合いがつくところを探す。

②本人なりの工夫を考える

　服選びがむずかしい場合は、「曜日で決める」「どこでも通用する服を用意する」などを提案してみる（決めるのは本人）。

③自分で決められることをめざす

　本人なりの選択を受け止めた上で必要なアドバイスをする。

04 からだの調子を整えよう

こんな行動が見られたら

・かぜをひいていることに気づかない。

・"感覚の鈍さ"から転んでけがをしているのに気がつかない。

身につけたいこと

①自分のからだの状態に気づき、伝えることができる。
②自分のからだの状態に合わせて調整することができる。

　体調が悪化していても、自分で気づくことがむずかしい子や暑い部屋で厚着をして真っ赤な顔をしている子がいます。感覚の敏感さや鈍さ、知覚・認知がうまく機能しないことで痛みや発熱がわからないなど、セルフモニタリング機能がうまく働かないことが考えられます。暑さや気圧の変化などによってイライラしやすくなったり、頭が痛くなったりすることもあります。こうした不調に対して、子ども自身は気づいていなかったり、困っていないこともあります。また違和感があって行動にあらわれていても、言語化できないことがあります。

　体調が悪いということがいけないこと（叱られる、自分は弱い人間）という認識をしてなかなか言い出せない場合も考えられます。子ども自身が不調に気づく前に保護者が手を出してしまい、子どもが体調の変化に気がつかない、体調管理の仕方を学ぶ機会が与えられないこともあります。

ワーク① あつい時、さむい時、からだにどんな変化が出るかな？

1 あつい時、さむい時に、からだのさまざまな部位にどんな変化が出るかな。①〜⑱からえらんで書きましょう。

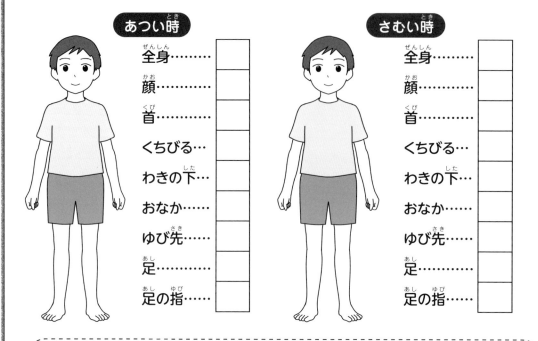

あつい時　　　　　　　　　　　　　さむい時

全身……□　　顔……□　　首……□　　くちびる…□　　わきの下…□　　おなか……□　　ゆび先……□　　足……□　　足の指……□

全身……□　　顔……□　　首……□　　くちびる…□　　わきの下…□　　おなか……□　　ゆび先……□　　足……□　　足の指……□

■からだに出る変化

①あせが出る　　②からだがほてる　　③顔が赤くなる
④のどがかわく　　⑤頭が痛くなる　　⑥だるくなる
⑦体温があがる　　⑧めまいがする　　⑨顔が青ざめる
⑩つめたくなる　　⑪かじかむ　　⑫鳥肌がたつ
⑬おなかが冷える　　⑭のどが痛くなる　　⑮かぜをひきやすくなる
⑯からだがふるえる　　⑰体温が下がっていく　　⑱全身がかさかさになる

2 まわりの子どもたちはどんな変化があるかきいてみよう。①〜⑱からえらんで書きましょう。

あつい時（　　　　　　　　）　　さむい時（　　　　　　　　　　）

ワーク❷ あつい時、さむい時、どんなことをしたらいいのかな？

❶ あつい時、さむい時には、どんなことをしたらいいのか、①～⑧からえらんで（　　）に書いてみましょう。また、あなたの工夫があれば、□の中に書きましょう。

あつい時（　　　　　　　　）

あつい

さむい時（　　　　　　　　）

①水を飲む　　②服をぬぐ　　③風にあたる　　④日かげに入る
⑤上着を着る　　⑥手袋をはめる　　⑦くつ下をはく　　⑧マフラーをする

❷ 気温や天候によって気分や行動にちがいが出ることがあるよ。あなたの気分や行動にどんなちがいが出るかを考えてみよう。いくつえらんでもいいよ。

いい天気の日　　（　　　　　　　　）　　くもってさむい日　（　　　　　　　　）

風のつよくふく日　（　　　　　　　　）　　雨がふる日　　　　（　　　　　　　　）

①イライラする　　②すっきりする　　③うんざりする
④やる気が出る　　⑤気分が重くなる　　⑥気分がかるくなる
⑦外であそびたくなる　　⑧いえで本を読んだり、ゲームをする

アドバイス

まずこまる状況を知ることから、対処法がわかり、行動できるようになります。
自分がすごしやすい季節や天候、苦手な季節や天候を知っておくとよいでしょう。

指導のポイント

①いろいろな環境の変化に応用する

　気温以外の、湿度・気圧・天気の変化によっても体調や気分が変化することがあります。気圧の変化に敏感な人は、低気圧がくる前に頭がいたくなったり、ぜんそくがある人は、気温が低くなるとせきが出たりすることがあります。環境の変化が体調に直接影響を与えていることに気づけるようになるのをめざしましょう。

②からだの変化を伝えられるようにする

　客観的な指標（温度・湿度・天気予報など）を参考に自分の体調や気分に注目することを教えます。感覚などからだの機能には個人差がありますから、気分や体調の変化を言葉や行動で訴えられるようになることが目標です。

支援・指導の手順

①本人に起こっている事象を確認する

　「長袖の服を着ていて、あせをかいている」「イライラしている」という事実と、「暑いと感じている」ことを本人と確認する。「暑い」がわかっていなければ、それはどういうことかを教える。

②客観的事実を確認する

　今「気温が30度、エアコンなし」ということを確認する。

③事象と客観的事実の関連づけ

　「長袖の服を着ているから暑い」「気温30度でエアコンが使えないから暑い」など具体的に教える。

④対処法の確認

　暑いと感じている原因で、調整ができそうなことを本人と確認しながら、できそうなことから取り組む。

05 健康的な食事をしよう

こんな行動が見られたら

・いつも同じものばかり買って、食べている。

・ふりかけごはんしか食べない。

身につけたいこと

①自分の食事のとりかたについて知る。
②自分の好きな食べもの、苦手な食べものを知る。

　日常の食事は栄養のバランスがとれていることや適量を食べることが望ましいですが、食感や味覚などから自分に合ったものしか食べられない、こだわりや食べずぎらい、過敏による偏食があるといった子どもたちもいます。自分が食べられるものしか食べないことで、食べ過ぎたり、栄養が偏ったり、不足したりすることがあります。

　食べ過ぎや、栄養のバランスを欠いた食事はできるだけ幼いうちから改善したいですが、本人の努力だけではむずかしいこともあります。無理に食べさせようとすることで食事に対する抵抗感を増してしまうこともあります。

　思春期は男女ともからだの成長のために多くの栄養がバランスよく必要になります。特に女子は月経により貧血になりがちです。この時期に偏食や小食だと、体調不良につながりやすくなり、日常生活にも影響がでることがあります。長期的な視点を持って、健康的な食習慣を身につけられるよう食育に取り組みましょう。

ワーク❶ 何時に食べる？
おなかがすくとどうなる？

1 時計にいつもの食事の時間を、おぼんになにを食べたいかを書いてみよう。文字で書いても絵を書いてもいいよ。

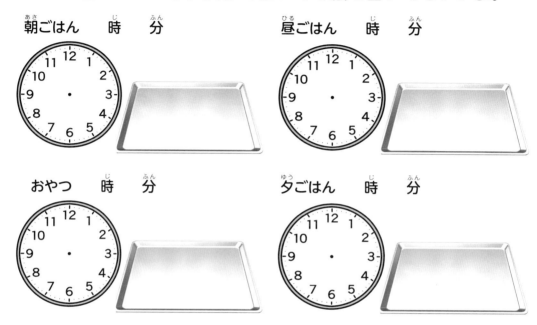

朝ごはん　時　分

昼ごはん　時　分

おやつ　時　分

夕ごはん　時　分

2 おなかがすくとどうなる？　あてはまるものをチェックしよう。

- [ ] 集中できなくなる
- [ ] イライラする
- [ ] おなかが鳴る
- [ ] 力が出なくなる
- [ ] おなかがすいたことに気づかない
- [ ] おなかが鳴らないか不安になる
- [ ] おかしを食べてしまう
- [ ] おなかがいたくなる

ワーク❷ すきな食べもの、苦手な食べものはどれ？

1 ①〜⑯の食べものをすきなもの、苦手なものにわけてみよう。

①すいか　②トマト　③しいたけ　④ピーマン　⑤牛乳　⑥納豆

⑦梅ぼし　⑧ごはん　⑨食パン　⑩カレーライス　⑪みそしる

⑫とりのからあげ　⑬ピザ　⑭ラーメン　⑮チョコレート　⑯ポテトチップス

すきなもの　　　　　　　　　**苦手なもの**

2 ❶で苦手なものにえらんだもの、一つひとつの苦手の理由を考えてみよう。

例　苦手なもの　　苦手の理由
　　　しいたけ　　　かんだ時にグニャッとする感じが苦手。においが苦手。など

　　　苦手なもの　　苦手の理由

アドバイス
バランスを考えて食べる
・ごはん、パンなど→からだを動かすエネルギーになるもの（炭水化物）
・肉、魚、牛乳、豆など→からだをつくるもの（たんぱく質）
・野菜、くだものなど→からだの調子を整えるもの（ビタミン、ミネラル）
健康でいるために、3つの栄養素をバランスよくとることがだいじです。炭水化物やおやつに含まれる糖分のとりすぎに注意しましょう。

指導のポイント

①楽しく食事できるように

　自分に苦手なものやアレルギーで食べられないものがあることを知ることから取り組みましょう。苦手なものがあることは悪いことではありません。食べられないものがある場合は、食事の前に伝えることから取り組んでみましょう。大人になる中で、食べものに対する味覚や意識などの変化によって食べられるようになるものも出てきます。食べられないものを食べることができるようにすることよりも、楽しい食事の時間になるようにしましょう。

②食育はいろいろなアプローチで

　苦手なもの、食べられない野菜を細かく刻んで調理しても本人は気づきますし、さらにその料理への抵抗感が増してしまうこともあります。どのようにしてその料理がつくられたかがわからないため食べられないことがあります。一緒に買い物に行ったり、料理をしたりして食べものへの関心を深めましょう。また、好きなことをするためにも食べることが基本になることを確認して、栄養やバランスのよい食事をとることの大切さも教えましょう。

支援・指導の手順

①最初は好きなもの、食べたいものについて確認する

②どうして苦手なのかを確認する

- ・味、食感、におい、食べやすさ
- ・温度が冷めている
- ・イメージと違った
- ・環境（人、特定の場所、ザワザワしているなど）
- ・調理法（トマトそのものは苦手だが、トマトジュースは大丈夫、など）

③食べられないことをいつ、誰に伝えればよいかの練習をする（給食の場合）

例）・給食の配ぜんの時に「○○は入れないようにしてください」と言う。

　　・わがままと思われないよう理由を連絡帳に書いてもらい、朝の会が終わった時に先生に見せる。

06 よい生活リズムで すごそう

こんな行動が見られたら

・自分が決めたようにしか行動できない
（例：ゲームをする時間が多い、夜遅くまで起きていて遅刻が多いなど）

身につけたいこと

①自分の1日のすごしかたを知る。
②自分の1日のすごしかたを計画することができる。

　生活のリズムを整え、それを継続することの大切さについて学びます。日中の活動の仕方が（外で遊んだか、室内でごろごろしていたかなど）、夜にスムーズに睡眠できるかどうかにつながります。しかし発達障害の特性があると、生活や学習の計画を立てたり、場面の切り替えが苦手な子もいます。日中あまり行動しないままゲームやインターネットをしてすごすことが多くなりがちで、なかなか寝付けず夜更かしして、1日の生活のリズムが乱れやすくなります。学校での勉強や遊びなどに十分参加ができなくなり、結果として先生や友だちとの人間関係もうまく築けないことにつながります。

　日中活動したほうがいいといっても、自分の好きなことをする時間や、休憩、トイレに行くなどの気持ちを切り替えたり、リフレッシュしたりする時間も大切です。メリハリのある生活ができる方法を身につけましょう。

ワーク① 1日の生活をふり返ってみよう

1 行動リストを見ながら、タイムスケジュールに学校に行く日の生活を書いてみよう。

行動リスト

- 起きる
- 朝ごはん
- 着がえ
- 歯みがき
- 身じたく
- 登校
- 給食
- 下校
- 宿題
- 塾、習いごと
- 夕ごはん
- 自由時間
- おふろ
- ねる
- そのた（　　　　　）

タイムスケジュール

朝
6:00

8:00

10:00

昼
12:00

2:00

4:00

夜
6:00

8:00

10:00

2 休みの日のタイムスケジュールもつくってみよう。

ワーク❷ 朝、予定の時間に起きるにはどうする？

1 自分一人で起きるために、あなたができそうなことはなんだろう。

☐ 早くねて自分で起きる   ☐ 目覚ましアラームをセットしておく   ☐ 家族に起きる時間を伝えておく

あした7時に起こして

☐ そのほか（　　　　　　　　　　　　　）

2 朝ねぼうしてしまった時、ちこくしないためにどうするか考えてみよう。

① 朝ねぼうした時、するといいのはどれかな？

☐ テレビや動画をみる   ☐ 親に文句をいう

☐ かばんを用意し、わすれ物をかくにんする   ☐ まんがをよむ

☐ 着がえをする   ☐ 朝食を集中して食べる

② 朝ねぼうした時、どんなことが必要かな？

学校には _____

友だちには _____

31

■ 指導のポイント

①成功体験を積ませる

　食事や洗顔、歯みがき、着がえやトイレ、持ち物の確認など登校前にすることはたくさんあります。まずは時間に遅れないことを目標にして、家を出るまでのことを家族がサポートしてあげて、目標を達成できたことを成功体験につなげていくところから始めてみましょう。

②ひとりで身支度をスモールステップで増やしていく

　家を出る時間に遅れないことを優先しながら、食事や洗顔、歯みがき、着がえやトイレ、持ち物の確認など自分でできることをふやしていきます。朝の短い時間でもすることはたくさんあるので、まずはそれらの項目を確認し、その中から本人ができそうなことを決め、スモールステップで取り組んでいくようにしてみましょう。

● 支援・指導の手順

① 1 日の流れを「見える化」する

　タイムスケジュール表などで 1 日の流れを視覚化し、やることをリストアップする。

②時間を細分化してみる

　「起床時間から登校時間」や「学校から帰ってから夕食まで」「夕食から就寝時間まで」のように、場面を絞って、することやそこにかかる時間などを整理してみる。

③周囲も協力する

　睡眠時間を確保できるように本人だけでなく周囲も意識する。家族の行動も影響するので注意する。

（例）
やることリスト
（起きてから学校へ行くまで）

時間	やること
7：00	起きてトイレへ行く
7：05	顔をあらう
7：10 (〜7：30)	朝ごはんを食べる
7：35	はみがき
7：40	着がえ
7：50	ランドセルのじゅんび
8：00	学校へ出発

07 大人のからだになるって？（女の子）

こんな行動が見られたら

・自分のからだの変化にとまどう。
・家の中を裸でうろうろする。

身につけたいこと

①からだのつくり、名称、役割、プライベートゾーンを学ぶ。
②女の子の二次性徴を学ぶ。

　月経は約1カ月の周期であることや、乳房は赤ちゃんを育てる時に母乳が出る器官であることなど、大人から見れば、当たり前に知っていると思われることも「知らない」「不正確なネットの情報を信じている」「記憶するのがむずかしい」などの理由で、正しく学べていないこともあります。
　まず、自分のからだの部位の名称と役割をどのくらい理解できているのかを、一つひとつていねいに確認していきます。その後、胸、膣、子宮など生殖にかんする部位や男女のからだの違いについて確認しましょう。
　発達障害のある子は、月経にかんする事前に得た知識で大きな不安を抱えてしまったり、月経痛があると知り「痛いのは嫌だ」と月経を受け入れられないケースもあります。基本的な知識とじょうずな付き合いかたについて教え、月経はからだが大人になるために起こる正常な変化で、異常なことではないことを理解させます。

ワーク❶ からだの部位とはたらき

1 からだの部位の名前がわかるかな？ どんなはたらきがあるかな？ 部位を答えたら、はたらきと線でつないでみよう。

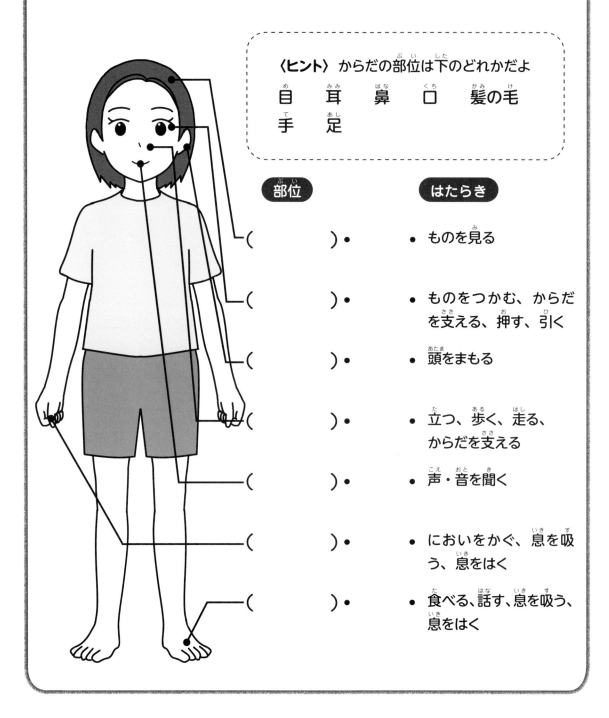

〈ヒント〉からだの部位は下のどれかだよ

目　耳　鼻　口　髪の毛
手　足

部位／はたらき

(　　　)・　・ものを見る

(　　　)・　・ものをつかむ、からだを支える、押す、引く

(　　　)・　・頭をまもる

(　　　)・　・立つ、歩く、走る、からだを支える

(　　　)・　・声・音を聞く

(　　　)・　・においをかぐ、息を吸う、息をはく

(　　　)・　・食べる、話す、息を吸う、息をはく

2 からだの中にある部位の名前が言えるかな？　どんなはたらきがあるかな？　部位を答えたら、はたらきと線でつないでみよう。

〈ヒント〉からだの中の部位は下のどれかだよ
脳　肺　心臓　胃　腸
膀胱　子宮　肛門

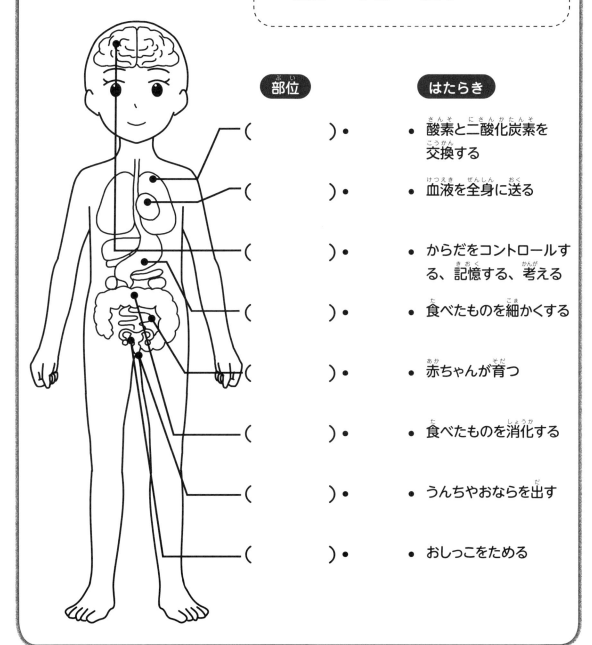

3 10代ごろからからだの形は変わっていくよ。変わっているところに○をつけよう。

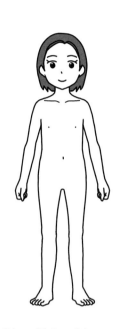 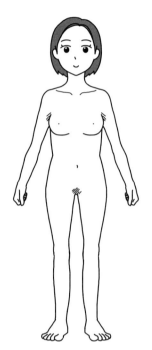

4 女の人と男の人のからだはどんなところがちがうかな。ちがうところに△をつけよう。

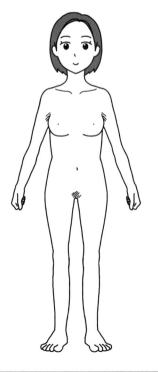 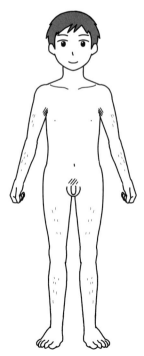

5 ほかの人に見せない部分（プライベートゾーン）はどこかな？　見られないようにする部分はどこかな？　イラストに◎をつけよう。

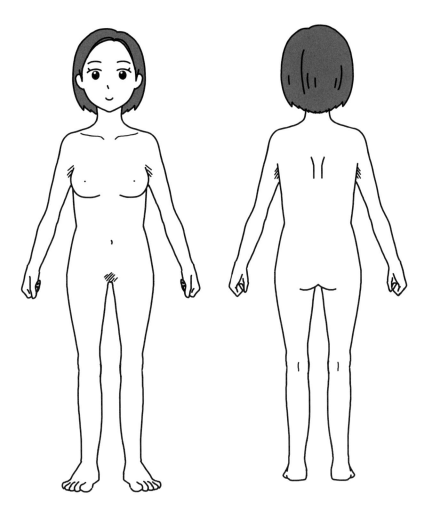

アドバイス

プライベートゾーンって知ってる？
　乳房（おっぱい）、性器、おしりは、ほかの人には見せないように、見えないようにしなければならないプライベートな（自分だけの）部位。プライベートゾーン（プライベートパーツ）といいます。プライベートゾーンは「女性」をとても強く感じさせる部位で、見えてしまうとまわりの人が対応にこまったり、いやな気持ちになったりします。また、これらの部位をほかの人に見られた時は、自分に「はずかしい」という感情がわきおこるので、プライベートゾーンは下着をつけて、外から見えないようにします。ただし、人によって見られたくない部分がほかにもあります。

37

ワーク❷ 月経のしくみを知ろう

❶ 月経が起こるしくみを見てみよう。

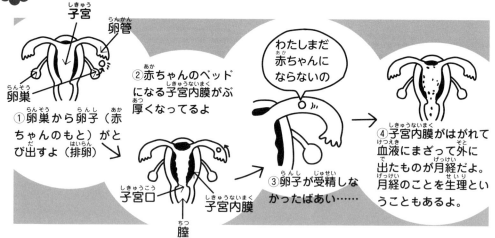

❷ 月経には周期（リズム）があり、閉経期（40歳代から50歳代）までくり返しやってくることを知っておこう。

- 10～14歳ごろに月経がはじまります（初潮）。通常、月経は25～38日の周期でくり返しますが、思春期は卵巣のはたらきが不安定なため、周期も乱れがちです。
- 人によってちがいますが、月経の期間はおよそ1週間。月経の量は1日目よりも2～3日目のほうが多く、おわりにかけてだんだん少なくなります。

❸ おりものってなに？

- 「おりもの」は、月経の前後に膣から出る体液をふくんだ分泌物です。月経前になると白くてねばねばしてきます。
- おりものには、膣の中をきれいに保つ役割があり、細菌が膣を通してからだに入ってくるのを防ぎます。
- 排卵期（❶の①のころ）には受精時に精液を受け入れやすくするはたらきがあります。
- 「おりもの」の状態から、からだの変化や体調を自分自身で知ることができます。おりものの量、色、においなどに異常がないかチェックしましょう。

ワーク❸ 月経中のすごしかた

1 下のイラストのうち月経中のすごしかたでよいと思うことに○をつけよう。

① どのような服装がいい?

☐ 白くて丈の短いワンピース　　☐ ゆったりとうごきやすい服

② おふろには入る?

☐ 入る
☐ 入らない

③ プールには入る?

☐ 入る
☐ 入らない

④ どのようにすごす?

☐ できるだけうごきまわる
☐ 痛みがある時は安静にしている

アドバイス
強い痛みがなく運動できる時は月経中でも運動してかまいません。

指導のポイント

①男女のからだの違いを確認する

男女のからだは、どこがどう違うのかを一緒に考えます。

イラストのからだの部分を指し、子どもが名前や役割（機能）を答えたり、逆に大人が名称や役割をいい、子どもがイラストのからだの部分を指すなど、学習や理解の程度に応じ、教える方法を工夫しましょう。

②覚えることよりも「理解すること」が重要

からだの名称や機能を覚えさせるだけではなく、プライベートゾーンはその人にとって大切な部位であるから人に見せない・さわらせないこと、また他人のプライベートゾーンを見ない・さわらないことを理解することが重要です。しかしプライベートゾーンのトラブルで治療が必要な場合や、自分でプライベートゾーンの清潔を保つことができない場合などは例外として、他人（医師などの専門家）に見せることも教える必要があります。

③月経を安心して迎えるこころがまえを

月経にかんする用語を教えるだけでなく、月経を安心して迎えられるように月経の役割や手当て（42 ページ参照）など必要な知識を教え、困った時には大人に相談することを伝えます。

月経にまつわる悩み・相談を受けた時

月経にまつわる悩みや相談を受けた時、支援者自身の経験を伝えてください。男性が相談を受けた際は、女性に相談をつなげるとよいでしょう。ただし、以下のような相談には病気の可能性もあるため、婦人科を受診することも検討してください。

- ・初めて月経（初経）が来てから、2 カ月も経つのに月経がこない
- ・高校生になるのに、まだ月経（初経）が始まらない
- ・小学校 2 年生で月経（初経）が始まった
- ・月経が始まる前と始まってからとてもおなかが痛む
- ・経血の量がとても多い
- ・性行為をしてから月経がとまった

08 月経中のすごしかたを知ろう

こんな行動が見られたら

・下着や服が経血で汚れても、気にしない。またはパニックになる。

身につけたいこと

①月経の手当ての方法を知る。
②月経中の自分の状態を知り、対処方法を考えることができる。

　月経が始まることをすんなり受け入れられなかったり、どう対処してよいか心配になる子もいます。下着が汚れてもそのままでいたり、トイレを汚したままにするなど適切な対処ができない子もいます。月経がはじまる年齢（一般的に10〜14歳くらい）に近づいたら、本人の特性に合わせて個別もしくは集団で月経のケアや体調管理の方法を教えます。事前にわかっていると、月経がはじまった時にあせらず対処することができます。

　とくに学校などの集団生活の場合、月経のケアがうまくできず、服を汚したりして、パニックを起こして、まわりの子が驚いてトラブルになってしまうことがあります。事前に家族からの情報を得たり、学校での様子を伝えるなど、連携をとることがポイントです。担任が男性の場合は、女性の教員に相談するなどして、対応方法を考えましょう。

ワーク① 月経の手当てのしかたを学ぼう

❀1 ナプキンの使いかたを練習しよう。

使うもの

- ナプキン
ナプキンにはいろいろな種類がある。目的にあわせて使い分けよう。

- 月経用ショーツ
月経中には専用のショーツがある。大人と相談してじゅんびしよう。

昼用

ハネつき

多い日用
夜用

> 使い捨てのナプキンのほか布ナプキンや膣に入れて使うタンポンもある

使いかた

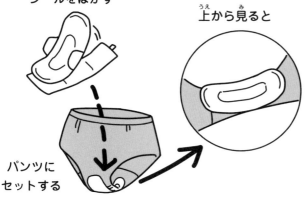

シールをはがす
上から見ると
パンツにセットする

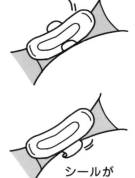

ハネつきナプキンはうらのシールをはがして

シールがパンツの外側につくように折り曲げる

アドバイス
月経用ナプキンやパンツをつけるのがいやだなと感じたら、大人に相談しましょう。

❷ ナプキンはいつ取りかえるのがいいかな？　自分にできそうなものをえらんで○をつけよう。

- ☐ 朝起きた時に取りかえる
- ☐ トイレに行くたびに取りかえる
- ☐ よごれたらかえる
- ☐ 時間を決めてかえる
- ☐ そのほか（　　　　　　　　　　　　　　　）

アドバイス

ナプキンは衛生面から考えて1日中同じものを使用しているのはよくありません。また、それほどよごれていない時には取りかえる必要はありません。いつ交換すればよいかわからないばあいは、トイレに行った時にかえるなど、ルールを決めて交換するといいでしょう。

❸ 使用後のナプキンはどうすればいいかな？

① 新しいナプキンがつつまれていたシートにのせて下側から丸めテープでとめる

② 汚物入れに入れてフタをする。トイレを出る時は手をよくあらおう

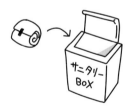

アドバイス

・トイレをよごしたら
　トイレットペーパーでよごれをふいたり、そうじ用具があればそれを使ってそうじをします。こまったら、近くの大人（できれば女性がいい）に相談しましょう。
・ナプキンを携帯する方法
　月経がいつはじまってもいいように、ナプキン2個とパンツ1枚をポーチなどに入れ、ランドセルやかばんにじゅんびしておきましょう。じゅんびする時は、おうちの人に相談してください。じゅんびするものをいっしょに買いに行くのもおすすめです。

ワーク❶ 月経の時に起こるからだの変化を知ろう

1 月経前・月経中には、からだのいろいろなところに変化が起こることがあるよ。

■よくあるからだの変化

頭が痛い	腰が痛い	下腹部が痛い	胸が張る
肌あれ	はき気	貧血（血が回らず目の前が真っ白になる）	
おなかを下す	だるい	むくみ	など

2 月経の周期に沿って、女性の体温（基礎体温）は変化しているよ。基礎体温について知っておこう。

- 基礎体温とは、ふだんの体温のこと。
- 基礎体温を測ることで、月経の周期を知ることができる。
- 基礎体温は、毎朝、同じ時間（目覚めた直後、起き上がる前）に専用の体温計で測ります（舌の下に入れて測るタイプが多い）。
- 月経には女性ホルモンが関係している

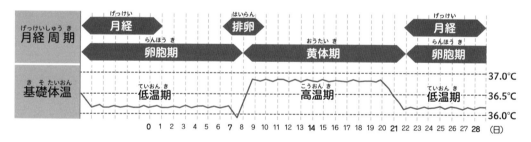

アドバイス

基礎体温を測り、月経管理に役立つアプリを使ってみよう。

	ルナルナ	ラルーン	リズム手帳	Flo
GooglePlay（Androidのスマホ、タブレット）				
App Store（iPhone、iPad）				

44

ワーク❷ 月経の時の快適なすごしかたを知ろう

❶ 月経の前、月経中、月経の後はからだだけでなくこころもふだんとちがう状態になることがあるよ。

人によってもちがうし、月経のたびにちがう状態になることもあります。栄養バランスのとれた食事をとり、からだとこころを休めることがだいじです。

■よくあるこころの変化

イライラする　　気持ちがしずむ　　ねむれない／ねむい

あまいものが食べたくなる　　食べすぎる／食欲がなくなる　　など

❷ リラックスする方法をみつけよう。

リラックスしているほうが、月経の期間中を楽にすごすことができます。リラックスとは呼吸がゆっくり、脈拍もゆっくり（走った後のようにドキドキしていない）、気持ちが落ちついている状態のことです。

例

からだの力をゆるめる

音楽を聞く

あまいものを食べる（食べすぎに注意）

まんがをよむ

おふろに入る

あなたのリラックス方法を書いてみよう

45

■ 指導のポイント

①月経周期とともにからだとこころは変化する

子どもからのからだやこころの不調の訴えは、月経周期と関係がある可能性があります。症状が強い場合は婦人科を受診することをおすすめします。月経痛をやわらげるためには、❶栄養バランスのとれた食事を食べる、❷からだを冷やさない、❸よく寝ることなどを検討します。

②大人のサポートが不可欠

自分の体調の変化や気持ちの変化に気づき、そのことを言葉にして伝えることはとてもむずかしいことです。すぐにできないかもしれません。また保護者や支援者も同じような思いをしたとは限らず（人によって感じかたがかなり異なります）、「気のせいだろう」「我慢できること」と思って共感してあげられないこともあります。月経は生活や体調に大きな影響を与えるため、大人が一緒に子どもの体調をサポートすることが必要です。

③大人からいろいろな体験を伝える

自分が行っている月経の対処の仕方などを伝えてあげましょう。経験者が実際に行っていることは子どもたちの参考になります。

● こんな時どうする？

Q 「月経なんかなければよかった」「女の子なんかに生まれなければよかった」と月経を否定的にとらえる子への対応はどうしたらよいですか。

A 月経は、女の子・女性に大きな影響を与える人生のイベントです。しかし人によって、月経の体験や考えかたが異なります。月経の時のからだの痛みやわずらわしさから、女性であることを嫌悪して、「生まれてくるんじゃなかった」「女は嫌だ」という感情をもつことがあります。中には「スカートははきたくない」と訴える子もいます。

保護者や支援者が、「女性としてはこれが当たり前」ということを伝えるのではなく、その子が、そのような気持ちになった理由を十分に聞いたうえで、月経のしくみやはたらき、対応の仕方を教えてください。月経は周期的に起こるが一定の期間であることも伝え、じょうずな付き合いかたを教えることが重要です。

月経は「女性」を強くイメージする出来事だと思います。子どもの状況に応じて性別、性意識などを伝える必要があります。

09 大人のからだになるって？（男の子）

こんな行動が見られたら

・まわりの子に性器を見せたり、勃起したことを周囲に言ったり、見せてしまう。

・股間が気になり、授業中など人の前でも自分の性器をさわってしまう。

身につけたいこと

①からだのつくり、名称、役割、プライベートゾーンをまなぶ。
②男の子の二次性徴を学ぶ。

　10～14歳ころから二次性徴がみられるようになります。大人の男性になるために、声変わり、顔や胸、腕、足、性器に毛が生えてくるなどの変化があらわれます。精通がはじまり、射精時は陰部（ペニス）が勃起します。性的な刺激がなくても、勃起することもあります。不安や緊張の時に陰部をさわる子もいます。
　二次性徴においてからだの変化は自然なことです。いつ、どこで、どのようなふるまいをするか、具体的に教えることが必要です。

からだの部位とはたらき

1 からだの部位の名前がわかるかな？ どんなはたらきがあるかな？ 部位を答えたら、はたらきと線でつないでみよう。

〈ヒント〉からだの部位は下のどれかだよ

目　耳　鼻　口　髪の毛
手　足

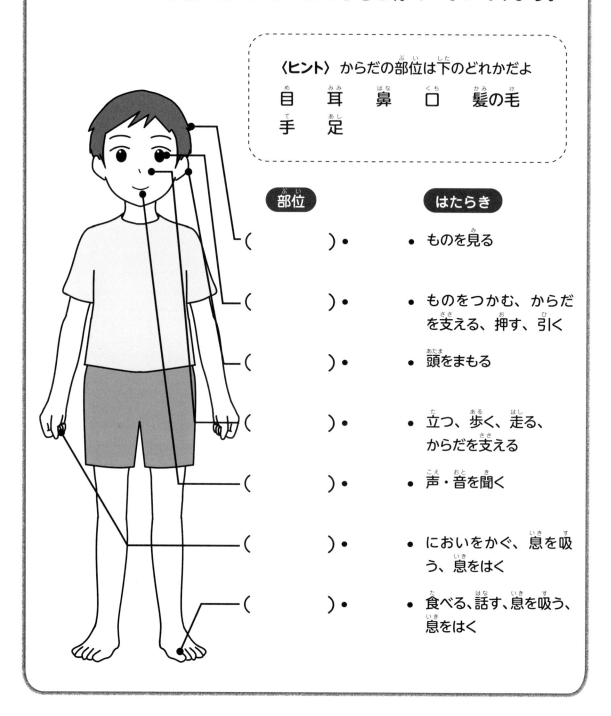

部位 / はたらき

(　　)・　・ものを見る

(　　)・　・ものをつかむ、からだを支える、押す、引く

(　　)・　・頭をまもる

(　　)・　・立つ、歩く、走る、からだを支える

(　　)・　・声・音を聞く

(　　)・　・においをかぐ、息を吸う、息をはく

(　　)・　・食べる、話す、息を吸う、息をはく

2 からだの中にある部位の名前が言えるかな？ どんなはたらきがあるかな？ 部位を答えたら、はたらきと線でつないでみよう。

〈ヒント〉からだの中の部位は下のどれかだよ
脳　肺　心臓　胃　腸
膀胱　精巣　肛門

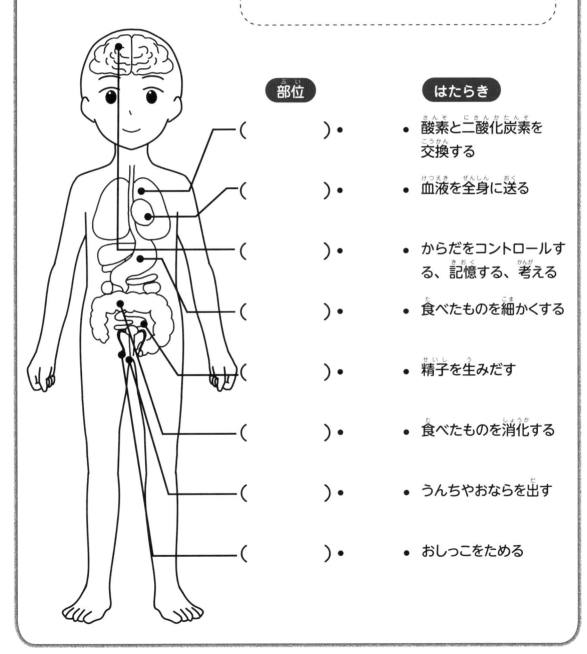

部位 / はたらき

- (　　) ・ ・ 酸素と二酸化炭素を交換する
- (　　) ・ ・ 血液を全身に送る
- (　　) ・ ・ からだをコントロールする、記憶する、考える
- (　　) ・ ・ 食べたものを細かくする
- (　　) ・ ・ 精子を生みだす
- (　　) ・ ・ 食べたものを消化する
- (　　) ・ ・ うんちやおならを出す
- (　　) ・ ・ おしっこをためる

49

❸ 10代ごろからからだの形は変わっていくよ。変わっているところに○をつけよう。

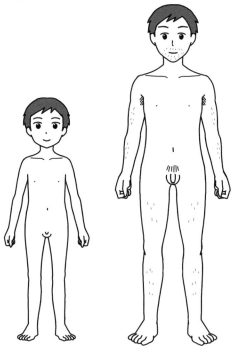

❹ 女の人と男の人のからだはどんなところがちがうかな。ちがうところに△をつけよう。

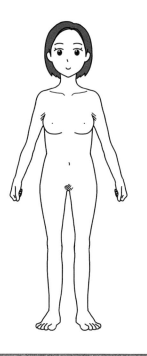 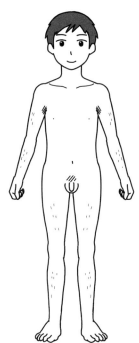

5 ほかの人に見せない部分（プライベートゾーン）はどこかな？ 見られないようにする部分はどこかな？ イラストに◎をつけよう。

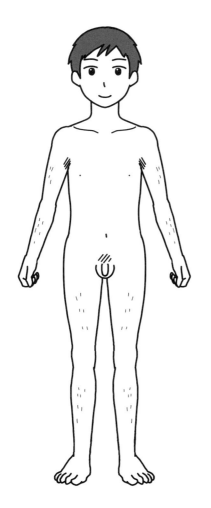
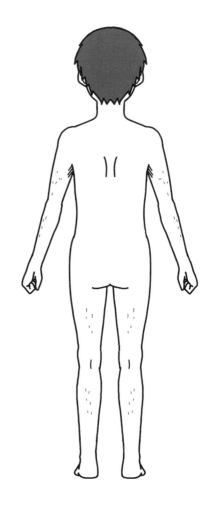

アドバイス

プライベートゾーンって知ってる？
　陰部（ペニス）やおしりは、ほかの人には見せないように、見えないようにしなければならないプライベートな（自分だけの）部位。プライベートゾーン（プライベートパーツ）といいます。これらは「男性」をとても強く感じさせる部位で、見えてしまうとまわりの人は対応にこまったり、いやな気持ちになったりします。また、これらの部位をほかの人に見られた時は、自分に「はずかしい」という感情がわきおこるのでプライベートゾーンは下着をつけて見えないようにします。ただし、人によって見られたくない部分がほかにもあります。

ワーク❷ 勃起したらどうする？

1 つぎのような場面でペニスが大きくなる（勃起する）ことがあるよ。その時にどのような対応をしたらよいかな。右ページ①〜⑦からえらんでみよう。いくつえらんでもいいよ。

授業中、着席中

体育着を着ている時

外出中、登下校中

不安や緊張でペニスをさわってしまう時

一人でエッチなことを考えたり、画像・映像を見ている時

アドバイス

勃起とは、性的な興奮や刺激により、ペニスに血液が流れ込み大きくなることです。射精は、性的な刺激により、精巣でつくられた精子が尿道を通ってからだの外に出ることです。

ペニスの大きさや形には個人差があります。大人になってもペニスの先（亀頭）が包皮に覆われている状態を包茎といいますが、異常ではありません。

52

① ちょっと大きめサイズの服をえらぶ

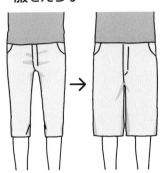

② 上着で股間のまわりをかくす

③ かばんで股間のまわりをかくす

④ 両手を使う作業をする（例：本とペンをもつ、両手で本をもつなど）

⑤ 自分の家でマスターベーションをする

⑥ 集中できることを考える（例：頭の中で九九を言う、駅名を言うなど）

⑦ すきなものを見る（例：しゅみの本や旅行のガイドブック、動画など）

アドバイス

　勃起するのは悪いことやはずかしいことではないけれど、勃起した時に人前でしてはいけないことがあります。
　① ズボンからペニスを出してはいけません。
　② 人に見せてはいけません。
　③ 大声で人に言ってはいけません。
　④ 人がいる時にはペニスにさわってはいけません。

指導のポイント

①「性」に対する大人自身の捉えかたを見直す

大人が「性的な話をすることは恥ずかしいこと」と捉えていると、子どもは「言ってはいけないこと」と思ってしまいます。「大人に性的なことを聞いたら怒られる」という体験をさせないでください。男の子の性欲の処置法や性の悩みやトラブルに対して「こうしたほうがよい」「自分はこうしてきた」と大人がポジティブに捉えて対応することが必要です。

②何をどう教えるか、教えるタイミングなどは慎重に

性の欲求は本能的なもの、あって当然なものです。発達障害の子が特に性の欲求が高いわけではなく、「教えないのでうまく行動できない」という観点から行動の仕方を教えることがだいじです。ただし、教えることで興味を喚起して問題を大きくする場合もあるので、何をどう教えるか、教えるタイミングなどはその子に合わせた判断が必要です。

こんな時はどうする？

Q 子どもが勃起していることに気づいたらどうすればよいでしょうか。

A 子どもが勃起していることに気づいたら、上着やかばんを何気なく持たせたり、ひざ上に置きます。ただし、周囲に知られると本人が嫌な思いをするので「隠したほうがいいよ」という声かけはしないようにしましょう。日常の中で対処しやすいように、あらかじめ、53ページのイラストのような方法をはじめ、その子が行ないやすい方法を確認しておきましょう。実際にアイテムを用意して対処方法を練習するのもよいでしょう。

10 こころが大人になっていくって？

こんな行動が見られたら

・小学校高学年になっても異性との距離が近く、相手が不快に感じていることをわかっていない。

・幼い子向けのキャラクターグッズが好きなことを自慢げに話す。

身につけたいこと

①大人になるとこころにも変化があることを知る。
②自分のこころの変化に気づくことができる。

二次性徴があらわれると、こころにも変化が起こります。社会との関わりが広がることで、見かた・考えかたが変わり、恥ずかしさを感じたり、責任感が出てきます。周囲との関係性が気になると、自分がどのような存在なのか考えたり、他人と比較し、自分のいいところやダメなところも評価するようになります。また、異性への関心も出てきます。それまでは、友だちの一部だった異性が、恋愛の対象、性欲の対象となることもあります。

発達障害の子の二次性徴の時期は定型発達の子たちと変わらないと言われていますが、しかし、こころの成長が多少ゆっくりな子もいます。それは本人の努力が足りないとか、問題があるということではなく、彼らなりの成長の仕方をしているのです。

ワーク① 子どもの時はいいけれど 大人になるとダメなことは？

1 大人がしてもいいと思うものに○、してはいけないと思うものに×をつけよう。その理由を考えて書いてみよう。

だだをこねる

親にべったりくっついて歩く

「おこづかいちょうだい」とねだる

□ _____

□ _____

□ _____

「どの服を着ればいい?」とお母さんに聞く

食べさせてもらう

食事のじゅんびを手伝わず、食べはじめる

□ _____

□ _____

□ _____

_____

ワーク❷ 大人になると、こころはどうなるの？

1 あなたは小さいころとくらべて気持ちが変化しているかな？　あてはまるものに○をつけよう。

☐ 失敗した時にはずかしいと感じるようになった

☐ 小さい子がケガしないように見守るようになった

☐ 子どもっぽいグッズにはあまり興味がなくなった

☐ ネット・ゲームを時間を決めて楽しむようになった

☐ 外出する時に身だしなみを気にするようになった

☐ 異性と話をする時、近づきすぎないようになった

57

指導のポイント

①思っても口に出さないほうがいいこともあることを教える

他人の外見や性格などにかんすることなど、口にすると相手が嫌な思いをすることに気づかない子もいます。本人は言わないといけないと思い込んでいるのかもしれません。思っても口に出さないほうがいいことがあることを伝えます。

他人の外見や性格などを考えること自体が悪いことだと、自分を責めてしまう子もいます。考えたり思うこと自体は悪いことではありません。相手に言っていいこと、言ってはいけないことをさまざまな例をあげて具体的に教えます。

②からだの成長（外見）とともにこころ（内面）も成長することを理解する

その人が大人であるか子どもであるかを判断するものの一つが外見です。興味や関心や行動が年齢と見合っていない場合でも、その子にとっては大切なものです。「おかしい」「こうしなさい」という指摘ではなく、その興味関心や行動の理由を聞いて、その子の特性を理解します。

こんな時はどうする？

Q 電車のキャラクターが活躍する幼児番組が好きな中学生がいます。クラスメイトのある子と、この番組について話がしたいと思っています。どのような配慮が必要ですか？

A 二人の関係に合わせて、いくつか選択肢を用意し、ルールを決めます。
・好きなものが同じ人となら話してもよい。
・人はそれぞれいろいろな好みがあり、興味がない人に話しても必ず思いどおりのやりとりができるわけではないことや、相手も困っている場合があることを確認する。
・みんなで話す時は、一人ずつ順番で話す、相手の話をよく聞く、話す時間を守るなど会話のルールを教えます。

11 「好き」って？

こんな行動が見られたら

・好きな人にしつこくつきまとってしまう。

身につけたいこと

①自分の「好きなもの」を知る。
②「好き」という気持ちの表現方法を知る。

　「好き」の対象になるものは、ゲームやアニメ、ペット、スポーツなどがあります。好きなことをしている時は、楽しい気分になったり安心できたりするものです。好きなことやものが増えると楽しみが増え、友だちが増えるきっかけにもなります。好きなことはいくつかあったほうがよいことを教えます。一方で自分の興味のあることについては、まわりを気にせず長時間独り占めするなど、まわりに不快な思いをさせてしまうこともあります。自分は楽しいからといって、それをまわりの人たちが同じように楽しいと思っているわけではないこと、一緒に楽しむためには、ルールを守ることが必要なことを学びます。好きなことをじょうずに楽しむことができると、生活が充実し、気持ちも安定してきます。

　異性・同性の友だち、家族などの人にかんしてもさまざまな「好き」があります。自分が相手に対して、一緒にいて安心、頼りになるなどどの「好き」なのかを整理してみましょう。相手の気持ちを考えること、相手から好かれるようなふるまいとはどんな行動かを考えさせましょう。

ワーク❶ すきなことは？

1 きみのすきなこと（趣味・興味）はどんなことかな？ 考えて書いてみよう。

すきなこと ［　　　　　　　　　　］

いつしている？	どれくらい時間がかかる？	どこでする？

だれとする？	費用はいくらかかる？	その時の気持ちはどうなる？

例

山登りをする

ラーメンを食べる

アイドルをおうえんする

キャラクターのグッズを集める

ゲームをする

サッカーをする

アドバイス
例えば、格闘技のゲームをするとテンションが高くなって、ゲームが終わった後に攻撃的な言動になり、あいてに不快な思いをさせることもあります。興奮している時に注意されると、いっそういやな気持ちになりませんか。ゲームはやりすぎないようにして、終わった時に深呼吸やのびをして気持ちを切りかえましょう。

60

❷ この行動はいいと思う？　よい行動に（○）、よくない行動に（×）をつけよう。理由も考えてみよう。

① 電車の中で星の本を見る

① □　理由

② 電車の中で水着の写真集を見る

② □　理由

③ 知らない人の写真を勝手に撮る

③ □　理由

④ 公園で見かけたネコの写真を撮る

④ □　理由

⑤ 戦闘もののアニメの話を、同じ趣味をもつ友人とする

⑤ □　理由

⑥ 戦闘もののアニメに興味がない人に一方的に説明する

⑥ □　理由

61

ワーク❷ 人に対する「すき」のあらわしかたは？

1 すきな子に対して、①〜⑥のような行動はどう思う？ ○か×をつけよう。

① はだかの写真を送る □

② 何度も（何十件も）メールやSNSでメッセージを送る □

③ 相手がいやだといっているのに、かかわろうとする（話し続ける） □

④ じろじろ見る □

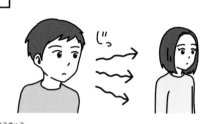

⑤ あとをついて歩く □

⑥ 高級なアクセサリーをあげようとする □

2 ①〜⑥の行動のどこが悪いかを考えてみよう。

3 つぎの 「すき」 は、どのような意味があるかな？　左の列の すきなあいてごとに 「すき」 の意味を考えて0から5の点数 をつけてみよう。

「すき」なあいて ＼ 「すき」の意味	安心・頼り	尊敬・あこがれ	仲間・友情	恋人にしたい
いつも世話をしてくれる、助けてくれるお母さん、お父さん	点	点	点	点
体調が悪い時にやさしく相談にのってくれる保健室の先生	点	点	点	点
授業でわかりやすく教えてくれる担任の先生	点	点	点	点
いっしょにいるとドキドキするクラスメイト	点	点	点	点
よくいっしょに遊ぶ女の子の友だち	点	点	点	点
よくいっしょに遊ぶ男の子の友だち	点	点	点	点
歌やおどりがじょうずなアイドル	点	点	点	点
たくさんホームランを打って活やくする野球選手	点	点	点	点

アドバイス

　「すき」 にはいろいろな意味があり、いくつもの気持ちがからみあっていることもあります。すきな人にもよくない面もあるし、すきではない人にもいい面があるかもしれません。まわりの人やいろいろな人のいい面をたくさん見つけるようにしてみましょう。

📖 指導のポイント

①好きなことを肯定的に捉えられるようにする

　思春期になると、自分の好きなことをまわりの人に一方的に話して、嫌がられた経験をすることがあります。その経験から、自分の趣味は「あまりよいものではない」と思って誰にも言わないほうがよいと決めてしまうことがあります。子どもは好きなことをこころの支えにしたり、好きなことに癒され、自己肯定的に捉える体験になります。好きなことがあるのは大切なことです。大人の判断基準で善し悪しを決めないことが重要です。

②その子らしさを尊重する

　同性でも異性でも好きな子がいることは、その子にとって生活の支えになっています。お互いの「好き」という気持ちを尊重すること、好きにはさまざまな意味があることを教えます。関係を見守りいつでもサポートできるようにします。

💧 支援・指導の具体例

「好き」な気持ちとうまく付き合うヒント

①自分の「好き」を知る

　どういう「好き」なのか一緒に考えてみましょう。「その人と交際したい」「一緒に趣味を楽しみたい」「毎朝あいさつをしたい」など、人によって「好き」が異なります。

②「好き」を相手に伝えたい時

　好きな気持ちを相手に伝えることは大切ですが、「伝えない」という選択肢もあること、伝えないでいる人がほかにもいること、付き合わなくても共通の趣味などを通じて楽しく関わることができると知ることも大切です。自分の好きな人から、または関心のない人から「好き」と言われたらどのような気持ちになるか学ぶ、自分と相手の「好き」が同じかどうか考え、「〜を一緒にしませんか」などの伝えかたを学ぶ、なども役立つかもしれません。

③自分の「好き」な人とよい関係を築く

　気持ちを読み取るのが苦手な特性のある子は、自分の思い通りにいかない時に、本音を吐いたり、しっこく自分の思いを押し通そうと懇願し続けたりすることがあります。そのような行動はよい関係が築けないことを一緒に考えましょう。1対1での関わりが難しい場合は、ほかの友だちも誘ってサポートしてもらいながら、「好き」な人と「好き」なことを楽しむのも一つの方法です。

12 ほかの人との距離って？

こんな行動が見られたら

・他人のものやからだを勝手にさわる。

・相手に近づきすぎる。

身につけたいこと

①自分とまわりの人との関係を知る。
②自分とまわりの人との距離のとりかたを知る。

　場面や相手との関係によって、適切な物理的距離、心理的距離があります。親密な関係（家族、友だち、恋人など）であれば距離は近くなり、関係が深くない人との距離は遠くなります。関係が深くない人とからだを近づけたり、重大な悩みを相談したりすることは不適切です。

　学校や社会では、あいさつをしたり、親切にすることを教えますが、発達障害の子どもの中には、ちょっとしたコミュニケーションで自分に対して特別な感情があると勘違いするケースがめずらしくありません。事故やトラブルをさけるためにも物理的距離や心理的距離の感覚を身につけさせることがだいじです。

ワーク① 人と人との関係を考えてみよう

1 あなたのまわりにいる人を6つのグループに分けて、その人たちの名前とあなたとの関係を書いてみよう。

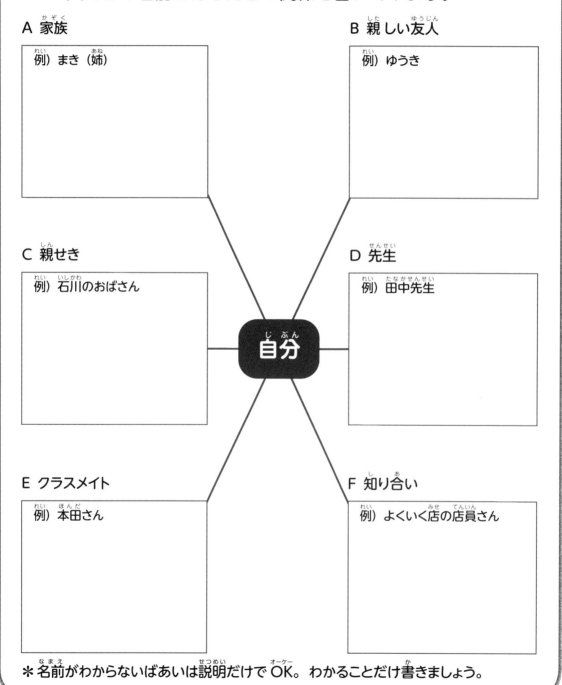

A 家族
　例）まき（姉）

B 親しい友人
　例）ゆうき

C 親せき
　例）石川のおばさん

D 先生
　例）田中先生

自分

E クラスメイト
　例）本田さん

F 知り合い
　例）よくいく店の店員さん

＊名前がわからないばあいは説明だけでOK。わかることだけ書きましょう。

② **①**で書いた人について、あなたとどのくらい親しい関係か順番にならべてみよう。

名前　　　　　　　　　　　グループ
　　　　　　　　　　　　（ワーク**①**のA～F）

関係が近い人
（親しい人）

_____　（　　　　　　　　）

_____　（　　　　　　　　）

_____　（　　　　　　　　）

どちらでも
ない人

_____　（　　　　　　　　）

_____　（　　　　　　　　）

_____　（　　　　　　　　）

_____　（　　　　　　　　）

関係が遠い人
（それほど
親しくない人）

_____　（　　　　　　　　）

_____　（　　　　　　　　）

アドバイス
　人との関係は、時とばあいによって変わるもの。いつもいっしょにいるお母さんやなかよくしている友だちとの関係も、接しかたも、小さい時から大人に近づくにつれて変化していきます。

67

ワーク❷ いろいろな人との距離の取りかたを学ぼう

1 2人一組で距離をあけて立ち、少しずつあいてに近づいてみよう。自分が「ちょうどいい」と思う距離になったらストップといおう。入れかわってためしてみよう。

2 ベンチに知らない女の子がすわっています。あなたならどこにすわる？ 下のイラスト①〜③からえらんでみよう。どうしてその場所をえらんだのかも考えよう。

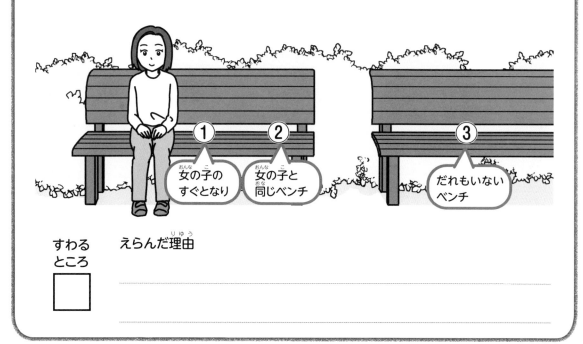

① 女の子のすぐとなり
② 女の子と同じベンチ
③ だれもいないベンチ

すわるところ ☐

えらんだ理由

③ 話をする時、あいてとの距離はどれくらいがよいかな？あいてがだれかによって必要な距離はちがうよ。下の❶〜❻からえらんでその理由も考えてみよう。

☐ 担任の先生

☐ 仲のよい女の友だち

☐ 仲のよい男の友だち

☐ お母さん

☐ お父さん

☐ よく知っている近所のお姉さん

☐ はじめて会った友だちのお兄さん

☐ 毎日見かける人

☐ 知らない人

☐ 仲のよい友だちの親

❶ぴったりくっついた距離　　❷握手できる距離　　❸片手をのばした距離
❹両手より離れた距離　　❺３メートル以上離れた距離　　❻話をしない

アドバイス
❶〜❻の距離がどれくらい近いのか、離れているのかを知るために、ワークの前に友だちや身近な大人と手をのばしたり、距離をはかったりしてみましょう。ワークをやる時にも、実際に立ってもらうとイメージしやすくなります。

69

指導のポイント

①人との適切な距離がわかっているかをチェックしよう

　相手との間には適切な「距離」があるということがわかっているかを確認します。子どもとの距離を縮めたり離したりして反応を見ると、相手との距離を意識しているかどうかがわかります。自分にとってよいと思う距離と相手がよいと思う距離に違いがあることを教えます。ふつう、相手との距離は片手を伸ばして相手に当たらない距離を教えます。

②心理的距離があることを知る

　言葉づかいや表情も、相手との距離感によります。相手との関係を理解するのがむずかしい子もいます。適切な心理的距離（言葉づかいや態度）をとれるようにワーク②の❶で紹介した方法を相手や状況を変えながら何度も試したり、日ごろの生活でできていない時にはそのつど教えていきましょう。

支援・指導の具体例

「距離」を学ぶ時の言葉がけ

　距離を学ぶワークを行なう時は次のようなポイントに注意してください。
- 近すぎる場合、「近すぎる！」と注意するのではなく、「あなたはこれくらいの距離がいいんだね」と相手との間には適当な距離があることを教えます。
- 距離をじょうずに取れた時は「いいよ」というサインを出し、お互いにフィードバックして確認することが重要です。
- 「これくらいの距離だと話しやすいな」など相手に伝える方法を教えます。
- 心理的距離を近づけることは相手のプライベートな部分に入ってしまうことでトラブルの原因になることも教えます。

13 場面や相手にあった ふるまいかたを知ろう

こんな行動が見られたら

・初対面の人にプライベートにかんする質問をする。　　・親に服を用意してもらっている。

身につけたいこと

①場面や相手によってふさわしいふるまいがあることを知る。
②場面や相手によってふさわしいふるまいができるようになる。

　発達障害の子どもの中には、自分のふるまいで周囲がどのように感じるかが把握しづらいという子がいます。相手とよい関係づくりをするためには、自分がどのようなふるまいをすればよいのかを学ぶ必要があります。
　とくに思春期になると、からだが大人へと変化するため、自分が意識するしないにかかわらず、対応の仕方によっては性的なトラブルにつながることもあります。相手の年齢や立場、性別などに応じた適切な言葉づかいや距離の取りかたを含めたふるまいかたなどを学び、身につけていきましょう。

ワーク❶ ふさわしい行動は？

❶ あいてによって、ふるまいはどのように変えるとよいかな？　あてはまるものに○をつけたり、気をつけることを書き入れよう。（　　　）に名前を記入して考えてみよう。

	例 家族 （お母さん）	友だち （　　　　）	お世話になって いる人 （　　　　）	初めて会った人 （　　　　）
あいさつ	⊙おはよう ・おはようございます	・おはよう ・おはようございます	・おはよう ・おはようございます	・おはよう ・おはようございます
しゃべる 内容	からだの調子 学校でのできごと など			
話す時の 距離	⊙近い ・手がとどくくらい	・近い ・手がとどくくらい	・近い ・手がとどくくらい	・近い ・手がとどくくらい
メールの 文面	⊙～だね ・～ですね ⊙絵文字を使う	・～だね ・～ですね ・絵文字を使う	・～だね ・～ですね ・絵文字を使う	・～だね ・～ですね ・絵文字を使う

❷ 友だちを遊びにさそう時、どのようなことばがけをしたらよいか、セリフを考えてみよう。

①遊びにさそう時

②「いいよ」と言われた時

③「だめ」と言われた時

❸ **❷** を参考にして練習してみよう。

ワーク❷ この行動はいいと思う？

❶ イラストのような行動を、よいと思うばあいは○、よくないと思うばあいは×をつけよう。その理由も書いてみよう。

・あまりすきじゃない人に攻撃的な態度をとる。

☐ 理由 _____

・自分のすきな人に、くっついたり、顔の近くで話しかけたりする。

☐ 理由 _____

・クラスメイトとテーブルをはさんですわって楽しそうに話す。

☐ 理由 _____

・毎日あいさつするおじさんにさそわれて、プレゼントをくれるというので家についていく。

☐ 理由 _____

・朝おはようとあいさつをしてくる子は自分のことがすきにちがいないから、休み時間にずっと話しかける。

☐ 理由 _____

▓ 指導のポイント

①自然にできるようになるわけではない

「これくらいはできて当たり前」と決めつけて、子どもが適切なふるまいができないことに対して、できない子という評価をしていることがあります。まずは、その子が知識としてわかっているか、次に行動としてできているかを丁寧に確認しましょう。言葉でどれくらい伝えられているか、暗黙のうちに「大人」を求めていないか、支援者側の気づきが重要です。

②適切なふるまいのバリエーションを考える

子どもはこれからも、さまざまな人と関わるので、一つのパターンを学べばよいということではありません。さまざまなふるまいかたがあることやその時に何が適切なのか考えたり選択したり、できる力を身につけることが大切です。正解・不正解はないので、時と場面に応じて適切かどうかを振り返るように伝えましょう。

◈ こんな時はどうする？

Q 「大人になると自分の意見をしっかり持たないといけない」と話すと、言葉通り受け止めて、相手に思ったことをストレートに言ってしまい怒らせてしまう子がいます。

A 思っても口に出さないほうがいいこともあること、相手が嫌な気持ちになる場合があること、声に出さずに思うだけにする方法があることなどを教えましょう。

Q 優しさが大切と学んでいたので、クラスメイトの女の子の服がずれていたのを直してあげたら、嫌がられてしまいました。

A クラスメイトの服のズレを見つけたことは悪いことではありません。ただ、大人になるに従い、異性からさわられることに抵抗感が高くなる場合が多いことや、相手の意向を無視してさわることは法律違反になってしまう場合もあることを伝え、見つけた時は、身近にいる先生など誰にどのように伝えるとよいかを教えましょう。

14 友だちとの よい関係って？

こんな行動が見られたら

・自分が困っている時は友だちだったら気づいて助けてくれるはずだと思い込み、助けてくれなかったと怒り出す。

・友だちに言われるがままに行動してしまう。

身につけたいこと

①友だちとはどのようなものか知る。
②友だちとよい関係をつくる方法を知る。

　思春期になると、周囲との関係も変化します。例えば、今まではなかよく遊んでいたのに急に仲が悪くなったり、男女別のグループができあがったり、友だちだった異性が恋愛の対象となったりします。しかし発達障害のある子は、年齢を重ねることで自然に友だちとの関係がうまくつくれるようになるわけではなく、中には、いじめにあい一人でいるほうが安全だと思う子もいます。友だちは成長に大きな影響を与える存在でもあります。思春期は友だちとの関係が重要な時期です。さまざまなワークを通して、友だちとの関係性のバリエーションを身につけさせます。

ワーク① いい友だちについて考えよう

1 つぎのようなばあい、友だちだと思いますか？ 友だちだと思うものに○をつけよう。

☐ いっしょにゲームをして遊ぶ

☐ 転校した子と年賀状を送りあっている

☐ いっしょに下校する

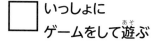
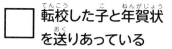
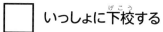

☐ いっしょに万引きをする

☐ 教室でパンツすがたになったらわらってくれた

☐ 自分が給食のおかわりをしたいと大声でさわいでしまった時にルールをまもろうと注意してくれる

☐ アイドルの水着の写真をもっていることを大きな声でクラスの子に言いふらす

2 どんな友だちが「いい友だち」かな？ 話し合ってみよう。

ワーク② 友だちとよい関係をつくろう

1 友だちといっしょにしたいことはなに？　（　）に書いてみよう。

・だれと?　　　　　　　　　　　（　　　　　　　　　　　）

・したいこと?　　　　　　　　　（　　　　　　　　　　　）

・いつ、どこでできる?　　　　　（　　　　　　　　　　　）

・どのようにさそうとよいかな?　（　　　　　　　　　　　）

2 上で書いたことをセリフにして書いてみよう。

> ＿＿＿＿＿さん、今おはなししてもいい?

> いいよ。

> ＿＿＿＿＿は予定ある?

> あるよ。その用事がおわってからならいいよ!

> うん。＿＿＿＿＿で＿＿＿＿＿しない?

> いいよ。

> じゃあ、用事がすんだら教えてね。またあとでね。

3 セリフに合わせて友だちをさそう練習をしてみよう。

77

指導のポイント

①友だちと関わる時のポイントを一緒に考える

初めて一緒に遊ぶ友だちの場合、自分がしたいことを相手も同じようにしたいかはわかりません。相手を誘う時にも礼儀があります。自分のしたいことを伝え、相手のしたいことを確認すること、さらに、したいことの交渉の仕方（どちらを優先するか、今回は相手、次回は自分）などを教える必要があります。断られたからすぐ友だちでなくなるわけではない（内容、時間などの相手の事情によって断られることもある）ことも理解させるとよいでしょう。

②相手の本心を想像するのが難しい

発達障害の特性のある子には、どのように友だちと付き合えばよいかわからないことがあります。嫌なことをされても相手が笑っている時や、悪いことをしてもほめてくれたりすると、うれしさや喜びを感じます。そうした関係は修正が必要ですが、ただ注意や否定をするのではなく、その場で起こった事実について客観的に説明することが大切です。いじめや犯罪に発展する前に対応することが不可欠です。

支援・指導の具体例

よい友だち関係づくりを支援する

友だちとの関係づくりはいろいろな角度から根気よく積み重ねていくことが大切です。次のようなことに注意して支援してください。

- 人間関係を図式化して物理的距離、心理的距離を教える。それに基づいてやってもいいこと、よくないことを説明する。
- 大人が一方的に説明するのではなく、子どもとの話し合いの機会を設け、いろいろな考えがあることを知るように工夫する。
- その子が気をつけることだけではなく、まわり（環境や人間関係など）を改善することも配慮する。

15 インターネットを使ったコミュニケーションを知ろう

こんな行動が見られたら

・メールはすべて即返信し、さらに返信が来ないとキレる。

・SNSに気になる人の個人情報や誹謗中傷を書き込む。

身につけたいこと

①インターネット上でのコミュニケーションのとりかたを知る。
②インターネット上での情報の扱いかたを知る。

　発達障害の特性のある子どもたちにとっては、直接対面で会う環境や会話などが苦手なことが多いため、メールやSNS（ソーシャル・ネットワーキング・サービス）は使いやすいコミュニケーション手段です。文章だけでなく、写真や動画なども扱うことができるので自分の伝えたいことが表現しやすく、メールやSNSを多用する傾向があります。ただ、その使いかたには注意が必要です。一度書き込み公開した内容は、すぐに拡散され、削除ができなくなり、取り返しのつかないことにもなります。また、メールやSNSに没頭し依存的になったり、相手からの返信を待ち続けてストレスになってしまうこともあります。ここでは、インターネット上でのじょうずなやりとりや情報共有の仕方などができるように、必要なことを教えます。

ワーク① メールを使って どうやりとりする？

1 つぎのようなばあい、どうしたらよいかな？ 考えて書いてみよう。

① 明日の宿題で確認したいことがあり、友だちにメールをする。

何時ごろ？

どのような文章を送るとよい？

なかなか返事がこない時はどうすればよい？

② 気になる人とやりとりをしていて「あなたのはだかの写真を送って」と言われた。

どうする？

③ グループラインで自分の悪口を書かれた。

どうする？

④ 知らない人、知らないアドレスからメールがとどいた。

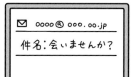

どうする？

ワーク❷ ネット上のコミュニケーション こんな時どうする？

1 インターネットやSNSの使いかたについて、つぎのようなばあい、どうしたらよいかな？　考えて書いてみよう。

① コメント欄にあいての内容を書きこむ。

　いい？　悪い？　どうする？

② SNSだけでやりとりした人たちと友だちになりたいと思ったので、SNS上に自分の住所や電話番号をのせる。

　いい？　悪い？　どうする？

③ インターネットのアダルトサイトで「安心、安全」と書かれていたので「クリック」ボタンをタッチしてウェブサイトを見る。

　いい？　よくない？　どう思う？

④ 公園で死んでいた鳥の写真をSNSにのせる。

　いい？　悪い？　どう思う？

81

指導のポイント

①性被害や人権侵害につながらない適切な使いかたを教える

自分が興味のあることだからといって、また相手から「公開しても大丈夫」などと言われたとしても、安易に自分や他人の名前や連絡先、画像など個人情報を載せないということを強調して伝えることがまずは大切です。インターネットは全世界とつながっていて、適切に情報を扱わないと犯罪になってしまうことがあることを確認しておくことが必要です。

②インターネット上のやりとりは慎重に

やりとりのしやすさはあっても、インターネット上だからといってじょうずにコミュニケーションがとれるということではありません。ふだんのコミュニケーションがうまくとれていない場合、相手の意図を汲み取ったりすることが急にできるようになるわけではありません。

③送信は時間を置いて

ネットでのやりとりに集中すると、興奮が高まり、言葉遣いや画像の内容が過激になることもあります。情報を得るためだけの使用(返信、書き込みはしない)に留める、返信、書き込みはすぐに送信するのではなく時間を置いて改めて考えてみる、先生やほかの支援者、親などに相談してから返事を送るなどの対応もあります。

④デマやフェイクニュースに注意する

デマやフェイクニュースとは気づかず、本当のことと思い込んでしまったり、悪意なくそのまま転送してしまう危険があります。よいことと思って発信しても、事態を混乱させてしまうことや、人を一方的に攻撃した内容を転送して深刻な被害を与えてしまうこともあります。一度送信したものは取り消せないことを教えます。

スマホ・メール・SNS 使用のルール

・機器は親の所有物とし、貸し与える

➡ フィルタリング機能を設定する、パスワードも親が管理し、子どもの使用状況を親が確認できることを伝える（子どものスマホを親のスマホで管理できるアプリもあります）。

・使う時間・場所を決める

➡ 親子で一緒に決める。時間は、平日、休日で使用可能な時間帯を決め、その中で本人に〇時から〇時までと時間を決めてもらう。食事や入浴、宿題、遊びなどほかの予定も併せて予定表に書いたりして見られるようにしておくとよい。場所は、中学生までは、親に話しかけられる場所（画面は見えなくてもよい）で使用するようにする。予定の終了時刻の〇分前に「今見ているものが終わったらおしまいね」などと伝えて、おおよそその指示通り終われたらほめる。

・家族全員で決めたルールを共有する

➡ お母さんは反対するけどお父さんは許可するなどとルールが人によって許されるということがないように家族で決めておく。

・ゲームやアプリのダウンロードや課金は親と一緒に行なう

➡ 個人情報の設定、決済情報の入力などが必要な場合は必ず親が行なう。定額制や1回きりの購入で遊べるゲームを選ぶ。課金が必要な場合は、本人がその額をお小遣いから親に支払うようにする（お小遣い帳に記載する）。

・ルールを守れなかった時の約束も決めておく

➡ 子どもと一緒にその約束を決める。また、その約束を実行する場合、中途半端に妥協しない。罰だけにならないように、ほかの楽しみなどに取り組めるようにする。

・ルールや約束を決めた後、お試しの実践期間を設ける

➡ 家族でSNS上でのやり取りをしてみて、じょうずにできているところや気になる表現などについて確認し合う。

・SNS上での交友関係を限定する

➡ 実生活で交友関係のある人などSNSで返信をしてもよい人を確認しておき、知らない人から連絡が来た時は親に伝えるようにする。親も知らない人への返信はしないようにしていることを伝えるのもよい。

16 性のトラブルにまきこまれないためには？（女の子）

こんな行動が見られたら

・ネットで知り合った人に自分の写真を送ってしまう。

身につけたいこと

①性加害・性被害につながるふるまいを知る。
②自分で気をつけられるふるまいがあることを知る。

　性被害は、たとえば性的な言葉を投げかける、キスされたり抱きつかれる、裸を見せられる、からだをさわられたり、からだをさわるよう強要されるなどさまざまな行為があります。相手の意図がよくわからず従ってしまったり、自分にされていることが被害なのかがわからない子どももいます。顔見知りのおじさんに声をかけられ、ついていってしまうことなどに注意が必要です。

　被害の予防として、とくに異性との心理的・物理的距離のはかりかたを考えるほか、そもそもどんなことが「被害」になるのかを知り、被害にあっても、まわりの大人に相談できるようになる方法を学びます。異性の間だけではなく同性の間にも起こります。

ワーク❶ かんちがいされやすい 行動はどれ？

1 ①～⑥は男の子にすると、多くの人がかんちがいしやすい行動です。なぜかんちがいされるのか、その理由を書いてみよう。

① 男の子と話す時の距離が近い （　　　　　）

理由 ....

② 男の子と話す時からだにさわる （　　　　　）

理由 ....

③ 「○○くんからプレゼントをもらうんだ」とうその話をする （　　　　　）

理由 ....

④ 男の子に「ハート」の絵文字を使ってメールする （　　　　　）

理由 ....

⑤ すきな男の子を校門などで待ちぶせする （　　　　　）

理由 ....

⑥ 「○○くんとならキスしてもいい」とクラスのいろいろな子に話す （　　　　　）

理由 ....

アドバイス

ここでは女の子の男の子に対する行動を例にしていますが、同性の間でもこうした行動はトラブルになることがあります。

ワーク❷ あぶない！！こんな時どうする？

1 つぎのような場面になったら、どうやって自分をまもる？　下の①〜⑤からえらんで書こう。いくつえらんでもよいです。

- 車で連れ去られそうになった　　　　　　　　（　　）

- 電車の中で男の人がとなりにすわって
　からだをくっつけてきた　　　　　　　　　（　　）

- 電車で男の人がパンツの中を見せてきた　　（　　）

- クラスメイトがエッチな話をしてきた　　　（　　）

- 帰り道に知らない人が家までついてきた　　（　　）

① 「やめて」と言う　② 大声を出す　③ 無視する　④ 逃げる　⑤ 防犯ブザーをならす

2 ①〜⑤の自分をまもる方法の中でやりやすいものを練習してみよう。

アドバイス

もしも、危険な目にあったら？
　ワークのようなこわい思い、あぶない思いをしたら、かならず親や先生など安心して話せる大人に話しましょう。決してあなたが悪いことをしたからこわい思いをするわけではありません。だれにも話さないでおくと、そのあと後悔したり、さらにつらい思いをすることがあるので、勇気を出して話すことが大切です。

▓ 指導のポイント

①ふだんから話をする関係をつくっておく

　発達障害の特性がある子の場合は、その行動がよかったり、いけなかったりすることを自分で判断することはむずかしいです。性加害にあっても「危険なこと」「嫌なこと」が何なのかわからない子もいます。ただ「これはよくない」と強く否定すると自分に原因があったと考えがちです。話してくれた本人の希望を最大限優先し、できそうなことや気をつけることを確認してどう対処するかを決めていきましょう。子どもの日ごろの様子（表情、服装、持ち物など）の変化に気づけるようにしておくことも大切です。

②二次被害を防ぐために

　せっかく相談をしても「どうしてそんなことしたの」など責められると、それ以降、相談をしなくなります。まず、被害の相談があった時には、「よく話してくれたね」などと相談できたことを認めてあげましょう。本人には具体的に説明ができないこともあるので、聞き手はオーバーに反応せず、「そういう気持ちだったんだね」や「そういうことがあったんだね」と気持ちや状況を丁寧に聞き取ってあげることが大切です。同性で本人がよく知っている話しやすい人が対応するとよいでしょう。

　「落ちつきなさい」などの指示的な話しかけではなく、「あなたのような被害にあった人は混乱するのは当然だよね」や「加害者が悪いのであって、あなたは悪くないよ」ということを伝えるとよいでしょう。被害を周囲が把握し、二次被害にならないための対策をとることが大切です。

> **二次被害を防ぐために大人が意識したいこと**
>
> ・「子どもだから性に関連する事象は関係ない」というわけではなく、あってもおかしくないという認識で対応する。
> ・子どもを絶対に責めない。
> ・冷静に事実を確認する（「それはあなたが○○したからそうなったんでしょ」などの評価はしない）。
> ・相談してもらえるように日ごろからの関係づくりを大切にする。

17 性のトラブルにまきこまれないためには？（男の子）

こんな行動が見られたら

・気になる女性に
　しつこくつきまとう。

身につけたいこと

①性加害・性被害につながるふるまいを知る。
②自分で気をつけられるふるまいがあることを知る。

　思春期になると、男女ともに性的な興味関心が出てくることは自然なことですが、性の衝動性をコントロールすることが重要です。発達障害の特性のある子の場合、映画やドラマのワンシーンをそのまま行動に移してしまったり、周囲の友だちからうその情報を流され、どの情報が正しいかを選ぶことが苦手なため、それを信用して加害につながることもあります。空席の多い電車の中で、自分のこだわりを優先し女性の隣に座ることがトラブルにつながることもあります。

　友だちだからという認識から「ズボンを下ろせ」という指示に従ったり、局部を教室で出してしまったり、裸の写真を送ってしまうこともあります。また、教室で会話をするだけの関係を付き合っていると思い込んだり、インターネット上でも、性的な内容をメールで送ったり、相手から思い通りの反応が返ってこないためにSNSなどで個人情報や誹謗中傷の内容を書き込んでしまうこともあります。

ワーク① 電車やバスでどこにすわる？

1 バスに空席がある時、どこにすわるかな？ 下の図の番号で答え、理由も書いてみよう。

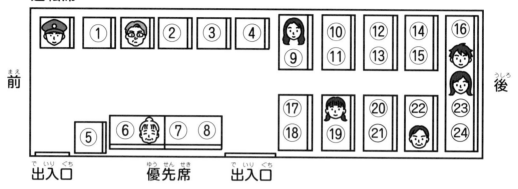

番号（　　　　　）理由：

_____

2 満員の時、ちかんにまちがわれないためにするとよいことは？ 書き出してみよう。

_____

_____

アドバイス

　ちかんとはバスや電車、道などであいての同意なくからだをさわったり、自分の性器にふれさせる犯罪です。本当はやっていないのに誤解によって加害者扱いされることもあります。あぶない思いをしたり、どうしたらよいかわからなくてこまったら、かならず親や先生など安心して話せる大人に話すようにしましょう。決してあなたが悪いことをしたからこわい思いをするわけではありません。だれにも話さないでおくと、そのあと後悔したり、さらにつらい思いをすることがあるので、勇気を出して話すことが大切です。

ワーク② こんな時どうする？

1 つぎの場面でよいと思うものには○、よくないと思うものには×をつけましょう。×のばあいは、どうしたらよいかも書いてみよう。

・気になる女性に告白したら断られたので、
ブログで悪口を書きこむ

☐　　どうしたらよい：＿＿＿＿＿＿＿＿＿＿

・ドラマで女性が目をとじた時にキスをしていたので、
自分もクラスの子が目をとじたのでキスをした

☐　　どうしたらよい：＿＿＿＿＿＿＿＿＿＿

・バレンタインデーにチョコレートをもらったので、
ホワイトデーにクッキーを買ってわたした

☐　　どうしたらよい：＿＿＿＿＿＿＿＿＿＿

・駅のホームで、前を歩いていた女性が
落とし物をしたので、拾って追いかけてわたす

☐　　どうしたらよい：＿＿＿＿＿＿＿＿＿＿

・バスの待合室で、だれもいなかったので
ペニスをさわってみた

☐　　どうしたらよい：＿＿＿＿＿＿＿＿＿＿

91

指導のポイント

①性に関する興味関心の衝動を予測する

　性の衝動性から起こる行動のコントロールはむずかしいものですが、それができないとトラブル（程度によっては犯罪）になります。本人の中では、「よくないということ」という思いと「自分にとって必要なこと」という 2 つの思いの葛藤が生じることもあります。抑制だけでなく、TPO をふまえて適切に性衝動を発散するのは悪いことではない、ということも教えます。

　あらかじめ問題になりそうな場面を把握しておき、その場面に遭遇しないための事前の工夫を考えておくとよいでしょう。たとえば、マスターベーションのことについては通常、多くの人がいるところで普通の会話として用いるものではなく、話すことができる相手は限られていることや、生理用品の実物を見てみたくて他人のかばんを勝手に開けることは犯罪行為になることなどを教えます。

②適切な対処法を伝える

　本人が自分の行動に問題があると認識せず、適切な対処法を知らなかったために誤解を招く行動につながることもあります。頭ごなしに否定しないで、丁寧な聞き取りをし、いけないことの確認だけでなく、どうするとよいかを一緒に考えましょう。その時に性のイメージができないように、本人が楽しんだり集中したりできるアイテムや活動などを用意します。

③「合意」について教える

　性的行為に対しては、対等な関係であるお互いが積極的に望んでいるかをしっかりと確認する「性的同意」が必要となります。前提として、すべての行動はお互いの意思が一致する「合意」のうえに行われることが大切です。たとえば「おつきあい」と言った時に、人によっては恋人として交際することをイメージしたり、近所づきあい、食事のおつきあいなどを想起したりと認識のズレが生まれることがあります。一方は「恋人としてつきあう」という意味で「つきあって」と告白したけれど、もう一方は友だちとしてお出かけにつきあうのだと思って OK を出したら、急に抱きつかれてトラブルに発展するということもあるかもしれません。性的加害・被害を生まないためにも、早い段階で「合意」とその内容について確認しておく必要があります。

　そもそも、保護者や教師が性の話題を「そんなことを口に出してはいけません」とシャットアウトしていると、子どもたちが悩みを話せなくなったり、大切なことを考える機会が失

われたりするかもしれません。大人にこそ、性の話題を含めて、気軽に話ができる関係づくりが求められているでしょう。普段から「私だったら〇〇をされると嫌だから△△と言って断るかな」「〇〇については、△△と思う人もいるから、□□をするといいよ」などと声かけをしていきましょう。

こんな時はどうする？

Q 気になる女の子がトイレからなかなか出てこなくて心配だといって、女性用トイレの入り口でずっと立って待っている男の子がいます。

A まずは、異性への興味や性に対する好奇心があることを責めず、あってもおかしくないという認識を持ちましょう。この男の子は正しいことだと思っています。そこで、女の子にとっては心配してくれていることのうれしさよりも、恥ずかしい気持ちや、男の子の行動を不審に感じる嫌な思いのほうが大きいことを伝えます。

発達障害の特性のある子の場合、「話をしたい時は、まずお話ししてもいいですかと聞きましょう」や「困っている人がいたら助けましょう」と言われていることが多いので、誰かれかまわず声をかけてしまったり、気になる子をじろじろ見たりする行動をとることがあります。日頃から大人が伝えていることが不適切なアプローチにつながってしまうこともあるということに注意して、どう行動すればよいかを実際の場合に則して教えます。

Q 女の子に声をかけるときに必ず手をつかむ男の子がいます。

A まずは注意するのではなく、女の子に声をかけるときに手をつかんでいることを確認してから、その理由を聞いてみましょう。親や学校の先生が、自分に話しかける時に手をつかんで正面に立って話しかけてくれたので「手をつかんだ方がよい」と思っていたり、テレビで男性が女性の手をつかんで話しかけるシーンを見てかっこいいと思っていたりと、それぞれ理由があるかもしれません。

そして手をつかまれた女の子の気持ちや、どのように声をかけるとよいのか、また、自分以外の子どもはどうしているのかなどを理解できるように丁寧に教えましょう。小さいころに自分がしてもらったために「良い行動だ」と思ってとっている行動でも、今の年齢では相手に嫌な思いをさせてしまう場合があり、それは本人には気づきにくいことです。年齢によって人とのかかわり方が変化していくことなどの確認ができるとよいでしょう。

参考文献

- 『高機能自閉症・アスペルガー障害・ADHD・LD の子の SST の進め方：特別支援教育のためのソーシャルスキルトレーニング（SST）』田中和代、岩佐亜紀／黎明書房／ 2008 年
- 『自閉スペクトラム症のある子への性と関係性の教育：具体的なケースから考える思春期の支援』川上ちひろ／金子書房／ 2015 年
- 『発達障害のある女の子・女性の支援：「自分らしく生きる」ための「からだ・こころ・関係性」のサポート』川上ちひろ、木谷秀勝／金子書房／ 2019 年
- 『性の問題行動をもつ子どものためのワークブック：発達障害・知的障害のある児童・青年の理解と支援』宮口幸治、川上ちひろ／明石書店／ 2015 年
- 『学校でできる！　性の問題行動へのケア：子どものワーク＆支援者のためのツール』宮口幸治、國分聡子、伊庭千恵、川上ちひろ／東洋館出版社／ 2019 年
- 『子どもと親のためのフレンドシップ・プログラム：人間関係が苦手な子の友だちづくりのヒント 30』フレッド・フランクル／辻井正次 監訳／足立匡基、村山恭朗、浜田恵、明翫光宜、髙柳伸哉、増山晃大 訳／遠見書房／ 2023 年
- 『友だち作りの科学：社会性に課題のある思春期・青年期のための SST ガイドブック』エリザベス・A・ローガソン／辻井正次、山田智子 監訳／金剛出版／ 2017 年
- 『イラスト版 10 歳からの性教育：子どもとマスターする 51 の性のしくみと命のだいじ』"人間と性"教育研究所／高柳美知子 編／合同出版／ 2008 年
- 『イラスト版発達に遅れのある子どもと学ぶ性のはなし：子どもとマスターする性のしくみ・いのちの大切さ』伊藤修毅 編著／合同出版／ 2013 年
- 『ゲーム・ネットの世界から離れられない子どもたち：子どもが社会から孤立しないために』吉川徹／合同出版／ 2021 年
- 「特集 思春期・青年期から始める『大人になる・社会に出る』ために必要になってくること　将来の準備としての生活設計とライフプランニング」『アスペハート（42 号）』田中尚樹／ 2016 年
- 「おとなになる女の子たちへ：女の子用ワークブック」川上ちひろ／特定非営利活動法人アスペ・エルデの会
- 「かっこいい男性になるための 10+ α のおとなルール：男子用ワークブック」川上ちひろ／特定非営利活動法人アスペ・エルデの会
- 「すてきな大人計画！　Practical guide for cool adult」川上ちひろ、田中尚樹／特定非営利活動法人アスペ・エルデの会
- 東京すくすくウェブサイト「発達障害のある女の子の『月経』の悩み　特性に応じたケアが必要です　アドバイスは具体的に　当事者同士で話せる場を」2022.10.13 公開 https://sukusuku.tokyo-np.co.jp/education/61676

■監修者

辻井 正次（つじい・まさつぐ）

中京大学現代社会学部教授　専門は発達臨床心理学。発達障害児者の発達支援システムの開発、発達支援技法の開発・専門家養成などに取り組み、家族支援のプログラムや、幼児期の早期支援 JASPER の普及に努める。NPO 法人アスペ・エルデの会の CEO・統括ディレクター。浜松医科大学客員教授。金沢大学客員教授。日本発達障害ネットワーク理事。日本小児精神神経学会理事。厚生労働省、文部科学省、内閣府などで発達障害関連の施策にかかわる各種委員を務める。

■編者

NPO 法人アスペ・エルデの会

1992 年より活動を開始し、2002 年法人化。発達障害者の「発達支援」「社会的自立支援」を目的に、子ども、親、専門家で組織している。子どものための発達支援ができるような場をつくりたい、という親たちの動きが中核になって生まれた。専門家が多数加わり、活動の専門性を維持・発展させている。発達支援にかかわるスタッフの養成、支援に必要な専門性を高めていく調査研究機関としての機能をもつ。支援の場、自助会、専門家養成、啓発、情報発信、研究機関を統合した「生涯発達援助システム」をめざす。
https://www.as-japan.jp

■著者

川上ちひろ（かわかみ・ちひろ）

岐阜大学 医学教育開発研究センター 准教授
公立の小中学校の養護教諭を経て、自閉スペクトラム症がある子どもたちやその家族とかかわり、本人や家族、支援者を対象に「性と関係性の教育」として、性に関する教育方法の開発、実践、普及を専門に行っている。NPO 法人アスペ・エルデの会ディレクター。
●おもな著書
『続・発達障害のある女の子・女性の支援：自分らしさとカモフラージュの狭間を生きる』川上ちひろ、木谷秀勝 編著／金子書房／ 2022 年、『発達障害のある子どもの性・人間関係の成長と支援──関係をつくる・きずく・つなぐ（ブックレット：子どもの心と学校臨床 2）』遠見書房／ 2020 年、『発達障害のある女の子・女性の支援：「自分らしく生きる」ための「からだ・こころ・関係性」のサポート』川上ちひろ、木谷秀勝 編著／金子書房／ 2019 年、『性の問題行動をもつ子どものためのワークブック：発達障害・知的障害のある児童・青年の理解と支援』宮口幸治、川上ちひろ 共著／明石書店／ 2015 年など

田中尚樹（たなか・なおき）

青森県立保健大学 健康科学部 社会福祉学科 講師
公立小中学校勤務を経て、日本福祉大学助教や厚生労働省専門官などを歴任しさまざまな障害者支援の現場に立ちながら、発達障害のある人の地域生活や家族支援をテーマに研究と実践をおこなっている。NPO 法人アスペ・エルデの会理事。
●おもな共著書
『プライマリ・ケアに求められる発達障害の診かたと向き合い方』斉藤まなぶ 編著／金芳堂、2024 年、『福祉職のための精神・知的・発達障害者アウトリーチ実践ガイド：生活訓練・自立生活アシスタントの現場から』吉田光爾、遠藤紫乃、岩崎香 編著／金剛出版／ 2024 年、『不器用・運動が苦手な子の理解と支援のガイドブック：DCD（発達性協調運動症）入門』岩永竜一郎、辻井正次 編著／金子書房／ 2024 年、『ソーシャルワークを学ぶ人のための相談援助実習』日本福祉大学社会福祉実習教育研究センター 監修／中央法規出版／ 2015 年、『発達障害児者支援とアセスメントのガイドライン』辻井正次 監修／金子書房／ 2014 年

■編集協力　塚越小枝子
■イラスト　遥那もより
■装丁・本文デザイン　椎原由美子（シー・オーツーデザイン）
■組版　合同出版制作室

6歳児から使えるワークブック③
発達障害の子の性のルール
からだ・こころ・かんけいを育てる17のワーク

2024年9月20日　第1刷発行

監　修　者　辻井正次
編　　　者　NPO法人アスペ・エルデの会
著　　　者　川上ちひろ＋田中尚樹
発　行　者　坂上美樹
発　行　所　合同出版株式会社
　　　　　　東京都小金井市関野町1-6-10
　　　　　　郵便番号 184-0001
　　　　　　電話 042（401）2930
　　　　　　ＵＲＬ https://www.godo-shuppan.co.jp
　　　　　　振替 00180-9-65422
印刷・製本　恵友印刷株式会社

■刊行図書リストを無料送呈いたします。　■落丁乱丁の際はお取り換えいたします。
本書を無断で複写・転訳載することは、法律で認められている場合を除き、著作権及び出版社の権利
の侵害になりますので、その場合にはあらかじめ小社あてに許諾を求めてください。
ISBN978-4-7726-1519-8　NDC378　257×182
© NPO法人 アスペ・エルデの会、2024